大学英语教学理论与实践研究

李小金 著

延吉·延边大学出版社

图书在版编目（CIP）数据

大学英语教学理论与实践研究 / 李小金著. -- 延吉：延边大学出版社，2024. 9. -- ISBN 978-7-230-07129-1

Ⅰ．H319.3

中国国家版本馆 CIP 数据核字第 202482PA58 号

大学英语教学理论与实践研究

著　　者：李小金
责任编辑：魏琳琳
封面设计：文合文化
出版发行：延边大学出版社
社　　址：吉林省延吉市公园路 977 号
邮　　编：133002
网　　址：http://www.ydcbs.com
E-mail：ydcbs@ydcbs.com
电　　话：0433-2732435
传　　真：0433-2732434
发行电话：0433-2733056
印　　刷：三河市嵩川印刷有限公司
开　　本：787 mm×1092 mm　1/16
印　　张：13
字　　数：200 千字
版　　次：2024 年 9 月　第 1 版
印　　次：2025 年 1 月　第 1 次印刷
ISBN 978-7-230-07129-1

定　　价：68.00 元

前　　言

在新时代背景下,大学英语教学正面临着前所未有的变革与挑战。随着信息技术的迅猛发展,网络多媒体等教学手段日益普及,为大学英语教学提供了更为广阔的空间。同时,全球化的推进和国际交流的加深也对大学生的英语能力提出了更高的要求。因此,如何在新时代背景下深化大学英语教学改革,提高教学质量,培养具有国际视野和跨文化交际能力的高素质人才,成为当前大学英语教学理论与实践研究的重要课题。

本研究将深入探讨新时代背景下大学英语教学的各个方面,包括教学理念、教学内容、教学策略、教学评价等,以期为大学英语教学改革提供理论支持和实践指导。我们希望通过本研究,能够推动大学英语教学不断创新,培养出更多具备优秀英语能力和国际竞争力的人才,为我国的现代化建设和国际交流做出更大的贡献。

目　录

第一章　大学英语教学概述 …………………………………………… 1
第一节　大学英语教学基本理论 ……………………………… 1
第二节　大学英语教学内容 …………………………………… 13
第三节　英语教学的基本原则 ………………………………… 29
第四节　大学英语学习环境与资源建设 ……………………… 38

第二章　大学英语技能与基础教学 …………………………………… 42
第一节　大学英语词汇的教学 ………………………………… 42
第二节　大学英语语法的教学 ………………………………… 48
第三节　大学英语听力技能与口语技能的教学 ……………… 57
第四节　大学英语阅读教学的方法与实践 …………………… 70
第五节　大学英语写作技能的教学 …………………………… 76

第三章　大学英语教学策略 …………………………………………… 85
第一节　英语教学策略的基本内容 …………………………… 85
第二节　教学策略的结构和产生途径 ………………………… 92
第三节　英语教学策略的研究意义及现状分析 ……………… 96
第四节　常见的英语教学策略 ………………………………… 101

第四章　大学英语教学评价 …………………………………………… 116
第一节　大学英语教学评价简述 ……………………………… 116
第二节　大学英语教学的评价标准 …………………………… 132

第三节　大学英语教学的评价方法 ·· 135

第五章　大学英语个性化教学 ·· 144
　　第一节　大学英语个性化教学的理论基础 ·· 144
　　第二节　大学英语个性化教学的系统设计分析 ·································· 149
　　第三节　大学英语个性化教学的基本要求 ·· 157
　　第四节　大学英语个性化教学的效果评价 ·· 163

第六章　大学英语教学研究与改革创新 ·· 171
　　第一节　大学英语教学的理论阐析 ··· 171
　　第二节　大学英语教学的发展研究与现状解析 ·································· 182
　　第三节　大学英语教学的改革创新 ··· 190

参考文献 ··· 201

第一章 大学英语教学概述

第一节 大学英语教学基本理论

一、语言本质理论

英语教学的内容是语言,因此如何认识语言的本质和语言活动十分必要。人们在对语言的研究中,不断地认识语言属性,对语言结构进行详尽的描述、分析和解释,对语言功能也做过多方面的研究。

（一）结构主义语言观

1.美国结构主义

美国结构主义把语言看作编码系统,这种语言研究是与结构相关的,从研究印第安人口头语言开始,印第安人没有文字,他们用符号表达语言,如实记录语言意义,然后进行分析。这种不同层面的研究,在实践中建立起研究机制。

具体研究主要包括：音位系统、词素系统、句法系统等。

（1）音位系统

主要应对音位、音位变体、音位组合等,描述规则,连贯语音现象、语调等。

（2）词素系统

描述词素、词素变体、自由词素和黏着词素等成分和结构。

（3）句法系统

语言差异性导致词、短语在分类、分析等方面都可能是不同的。美国结构主义语言学家对于这种直接成分进行了分析和描述，他们认为，句型类型也应清楚表达。

一般而言，不同的语言有不同的音位系统、词素系统和句法系统。在上述三个系统中，不同的成分、结构会在母语和外语学习中受干扰。因此，人们在语言学习中，要克服这种困难。

因此，要注意语言的差异性，在学习中集中力量去解决两种语言的差异性问题。

2.英国结构主义

英国语言学家对语言结构有显著的研究成果，特别是在句型结构方面，他们进行了详尽描述和解释，做了大量的工作，取得了卓越成效。如20世纪20年代，英国著名的语言学家帕尔默、霍恩比和其他学者，对英语句型展开了研究，他们共同分析、总结英语语法结构，并归纳出句型。

其中，霍恩比的《英语句型和惯用法》，归纳了英语动词句型25种、名词句型5种、形容词句型3种，为英语的内在结构研究提供了大量实例和有效说明。

如果说美国结构主义语言学家在研究语言时特别注意语言之间的差异，主张使用对比分析去预测学习外语时会出现的困难，那么英国结构主义语言学家在研究英语结构时特别注意的是语言结构和结构使用情况之间的关系。

由此可见，英国学者不仅重视对语言结构的研究，而且在研究中重视语言运用时的语境和语义。由于语言形式或结构与语言功能不存在直接对应的关系，因此某些英国学者深入研究语言功能并建立起功能学派。

（二）功能派语言观

1.韩礼德语言功能论述

20世纪50年代，韩礼德开始进行语言的社会功能研究，作为英国功能学派代表人物，他认为，语言学是关于语言行为或话语的描述。在《语言功能探索》一书中，他指出只有通过研究语言使用，才能研究语言的全部功能。

此外，他论述了语言构成意义的所有组成部分，就是只有将它们集中在一起，才能在微观和宏观两个层面更好地发挥语言的功能。其中，微观功能是儿童在学习母语的初级阶段发挥作用的，其主要包括以下六种：

（1）工具功能

使用语言来取物。

（2）规章功能

使用语言来控制他人的行为。

（3）相互关系功能

使用语言与他人交往。

（4）个人功能

使用语言来表达自己的感情意义。

（5）启发功能

使用语言学习和发现问题。

（6）想象功能

使用语言来创造一个幻想的世界。

宏观功能包括以下三大类：

（1）思维功能

语言可以用来组织语言使用者对真实世界或幻想世界的经验。

（2）人际功能

建立和维持人际关系。

（3）篇章功能

创造连贯的话语或文章，切题和恰当地表达话语和文章。

2.海姆斯的交际能力理论

海姆斯提出交际能力理论，认为语言的使用能帮助人获得交际能力，例如在什么场合，对什么人、用什么方式讲话都有固定的规则，这种交际能力可以帮助人们获得语言知识、了解规则，在社交中获得语言交际的有效能力。

第一，形式可能性：能识辨、组织句子，而且还要合乎语法规则，符合形式正确性的要求。

第二，语言形式可行。

第三，使用语言得体性，在交际中灵活运用语法，在实施和语境上，都是合理可行的。

第四，话语形式的实际性和可能性，而且要得体。

3.卡纳尔和斯温的交际能力分析

卡纳尔和斯温论述交际能力的四个方面，主要内容包括以下组成要素：

（1）语法能力

指的是"形式上的可能性"，即掌握语音、语法和词汇方面知识的能力。

（2）社会语言能力

指为达到不同目的，在不同的社会环境下，使用不同语体和不同语言的能力。

（3）篇章能力

指在上下文或篇章中，理解句子之间的关系、把握句子之间的衔接意义的能力。

（4）策略能力

指在交际中，明确如何进行谈话、开始谈话，了解如何转换话题、结束话题的能力。

4.奥斯汀的言语行为理论

语言功能是多方面的，有控制他人的作用，有影响思想的作用，也有表达情感的功能。英国语言哲学家约翰·L.奥斯汀（以下简称"奥斯汀"）提出了言语行为理论，他认为研究话语的意义应从作用和功能出发，不应只注意陈述句。

他主张，要注意话语使用作用。对于建议、邀请、要求、话语、答允等要能够正确表述。

就句子的作用而言，奥斯汀认为，不同种类的句子有不同的功能。陈述、报告、描述事物是一些句子的作用，但也有另外一些句子是被用来施行某种行为的。

奥斯汀区分叙述句和行为句，他认为叙述句是可以得到验证的，即可以是真实或错误的陈述，而行为句则可以施行行为或用来做事。

奥斯汀用了四个著名的例子来说明行为句。

（1）"I do."（用于结婚仪式过程中）

（2）"I name the ship Elizabeth."（用于命名仪式）

（3）"I bet you six pence that it will rain tomorrow."（用于打赌）

（4）"I give and bequeath my watch to my brother."（用于遗嘱中）

虽然奥斯汀提出的行为理论，有一些看法还不太成熟，但他的理论在语言学界引起了巨大的反响，并被一些学者，如美国语言学家约翰·R.塞尔等发展为一种解释人类语言交际的理论。

二、语言学习理论

外语教学不仅涉及教的问题，还涉及学的问题。明晰外语学习所需要的条件，了解学习过程所出现的现象和事情，能加深学生对外语学习的认识，也能为教师构思教学方法提供依据。外语学习理论可分为两个部分，一是进行外语学习普遍性和规律性的研究；二是进行不同类型学习者学习特殊性和规律性的研究。

（一）行为主义

20世纪20年代，行为主义产生，其创始人约翰·B.华生（以下简称"华生"）提出：动物和人的一切复杂行为都是通过学习而获得的。作为早期代表人物，他认为，在环境的影响下，行为主义心理学的公式应该包括如下内容：

刺激—反应（S-R, Stimulus-Response）。

作为早期的行为主义代表人物，华生以行为主义的"刺激—反应"模式，研究动物和人的心理，没有用实验的方法。他主张用客观的方法，用直接观察的方法，研究人和动物的行为，即刺激和反应，也就是刺激怎样决定反应。

华生之后，美国心理学家伯尔赫斯·弗雷德里克·斯金纳（以下简称"斯金纳"）认为，人们的语言和其中的每一部分，是由于某种刺激而产生的。他继承和发展了华生的行为主义，系统研究语言行为，于20世纪50年代出版《言语行为》一书。他认为，"某种刺激"可能是语言的刺激，并提出了行为主义系统。

斯金纳还认为，其他刺激，例如人的声音、手势、表情和动作，都像大多数其他行为一样，是一种操作性的行为，可以在某一语言环境中，通过强化手段而获得。

例如，在教学过程中，教师可以通过赞扬、肯定、满意等强化学生语言行为，帮助学生逐渐养成语言习惯，学会相应的语言形式。

行为主义认为，在学习模式中，不论是语言或非语言的学习，都要通过正确重复和模仿，经历形成语言习惯的过程。

（二）心灵主义

美国语言学家艾弗拉姆·诺姆·乔姆斯基（以下简称"乔姆斯基"）是心灵主义习得理论的代表人物之一。他提出，心灵主义习得理论的目的是解释儿童母语的习得问题。乔姆斯基认为，任何发育正常的儿童都能在短短几年内获得母语使用能力的事实用行为主义学习理论解释不了。

按道理来说，儿童是不可能根据他们听到的数量有限的句子，通过归纳、推理和抽象概括而习得母语语法和学习到母语使用的。为了解释母语习得的原理，乔姆斯基提出了普遍语法假设。

1.普遍语法假设

乔姆斯基认为，人类有一个与生俱来植于大脑中的所谓语言习得机制或普遍语法。这是一种假设，因为至今还未通过解剖的方法来证实它的存在。

按照乔姆斯基的理论，外部环境和语言输入只有"激活"语言习得机制的作用。语言输入进入人脑后就创立了一种语言知识：语言输入—普通语法—特定语言的语法。

心灵主义习得理论强调人脑中的内在因素，而不是习得的外部环境和语言输入。对心灵主义习得理论以及普遍语法是否在第二语言习得过程中起作用的问题，学者有三种不同的观点，即普遍语法直接起作用、间接起作用和不起作用。尽管乔姆斯基的理论在解释母语习得和二语习得方面都还存在争议，但对乔姆斯基的普遍语法理论进行深入的探讨会有助于揭示语言习得的奥秘，至少从普遍语法的角度去研究语言习得会给我们一个新的视角，从而有助于我们对问题有更为全面和深入的思考。

2. 克拉申的监察模式

（1）习得和学得假设

习得和学得是培养外语能力的两种不同途径，其中习得是觉察不到的自然方式，在交际中，存在一种像习得母语的过程；习得过程中通过对语言的理解，学习语言、使用语言。学得是一种语言规则、一种学得的表述过程。正规学习促使学得产生，纠正学习帮助弄懂规则，表 1-1 形象地展示了习得和学得概念之间的区别。

表 1-1　习得与学得过程

习得	学得
不知不觉的过程	意识到的过程
内化隐含的语言规则	获得明示的语言知识
正式学习无助于习得	正式学习有助于获得语言知识

（2）自然顺序假设

自然顺序假设用于说明习得语言规则，正如图 1-1 所示，是有一定次序的。

可以预示的顺序,按一定语法规则或结构排列,这一情况同样适用于第二语言。

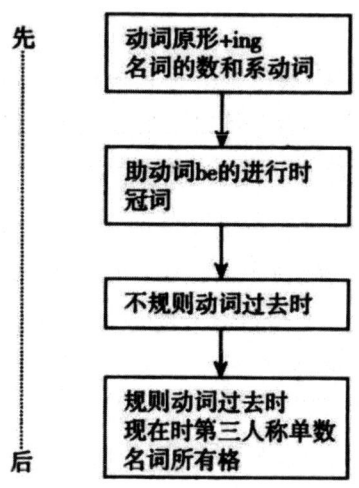

图 1-1 自然顺序假设

斯蒂芬·D.克拉申(以下简称"克拉申")提出,说话的能力不是直接获得的,语言输入假设靠大量听和读的练习,语言习得的过程,要接收足够的语言输入,要想习得语言,就要理解语言。

按这种假设,克拉申认为,如果没有接收大量的语言输入,说的练习是没有帮助的。

(3) 监察假设

克拉申认为,有意识的知识或规则学得,只能发生在写或说之前或之后,如图 1-2 所示,这表明学得只能起到监察作用,这种监察作用可以自我纠正。

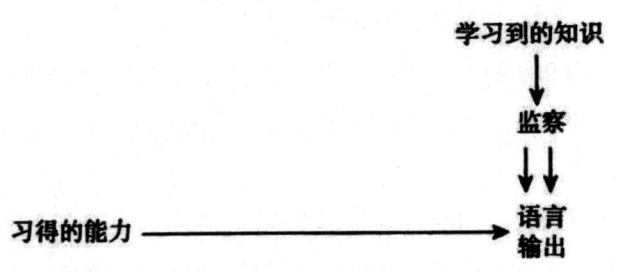

图 1-2　监察假设

但是学得的监察作用只有具备下面三种条件时才能发挥：

第一，时间是充裕的。

第二，语言形式正确。

第三，了解规则。

（4）情感过滤假设

在外语学习过程中，心理或情感因素会影响外语学习的效果，这些因素具体是指强烈的动机、信心和忧虑程度等。

此外，自信心和低的忧虑状态，可以让语言输入自由通过。克拉申认为，情感因素是过滤器，具有调节作用，可以帮助阻碍或放行语言输入，因此语言习得机制只有通过过滤器才能吸收。

上述假设为外语教学创造了一个有利的环境，同时也构成了克拉申理论。

因此，按照克拉申理论，外语教学应尽量向学生提供可理解的语言输入，增加语言输入的可理解性，如教师可采用直观的教具来辅助教学，也可以根据学生水平，使用不同的词汇和语言结构来教学。

此外，他还提出，教师应创造一个轻松愉快、自由自在的学习气氛，只有这样，语言输入才能更有效地为大脑所吸收。因此，不要强加压力于学生，在学生不会回答问题或还没有能力作答时，不要强迫他们作答。这样可以减少学生的忧虑，避免学生产生害怕犯错误的心理。

与此同时，教学界和应用语言学界质疑克拉申的监察模式的学者有麦劳林、格雷格等，下面就是这些学者的一些观点：

第一，习得和学得二者都没有明确的定义，因此在某种情况下，很难判定是习得还是学得在起作用。学得到底是否能转化为习得呢？这还是一个没有解决的问题。

第二，说学得只有监察作用是不全面的，它还可以有理解作用。如果学得只有监察作用，人们在学习第二语言时只靠习得，那么在第二语言学习中，规则学习是否不需要了呢？

第三，自然顺序假设只是在某些学者词素研究成果的基础上总结出来的，根据词素的研究情况进而做出关于整个语法规则习得次序的假设，是否犯了过度概括的错误？

第四，作为语言输出，"说"可以被视为对语言提出的假设，由于在学习外语过程中，"可理解的语言输入"没有明确的定义，因此输入假设难以得到验证。当然，这只是一些学者对克拉申的外语学习理论提出的问题，这些语言习得理论，在实践中会促使人们进行深入的探讨，从而在英语教学中建立更完善的新理论。

3.斯温的语言输出假设

（1）假设内容

斯温指出语言输出有三个功能，并认为学生在课堂环境中，没有足够的机会使用语言，不是学生语言输入有限，而是通过几年学习，语言输出活动不足。她认为，在第二语言习得中，输出有着显著的作用。

她提出假设的依据是"浸泡式"的教学实验。其主要原则是将外语作为工具，一种在学习中获得其他学科信息和内容的工具。实验表明，语言是理解的"伴随产品"，尽管在教学实践中，对学生的语言输入是无限的，但遗憾的是，他们并没有获得语言产生能力。

斯温认为语言输出具有如下三个功能：

第一，对语言形式有促进功能。

第二，检验假设的功能。

第三，提供意识反思功能。

因此，斯温认为，语言输出为学习者提供了机会，当进行"产生语言"时，学习者为进行交际，可能会碰到问题，这些问题会使他们察看语言输出的结构和形式，也就是注意某个语言项目。这样，会促使学习者对如何使用语言形式、如何有意识地反思、如何表达意思、如何用语言形式来表达意思差异有很大的帮助。这种对语言形式的注意，可以通过让学习者实践自己提出的假设来实现，以帮助他们习得某种语言形式，从而激活认知活动，进而有助于巩固已有知识及学习新知识。

斯温还认为，这种反思不但揭示了学习者自己的假设，而且能促使学习者去表达对某一意义的猜测，因此语言输出就是学习者提出假设，并进一步去推测他们的假设，继而进行反思、控制和语言内化的过程。

（2）假设启示

此外，在外语教学中恰当地安排语言输出活动能促进语言学习，有利于对语言正确性的掌握。因此，不论是在教学上还是在教材编写方面，教师都要设计多种交际性的语言输出活动，以促进学生语言产生能力的培养。

在教材编写方面，很多教材已注意到了语言输出活动的设计和安排，由于意识到语言输出活动对语言学习的重要性，不少优质课的教师都设计了较多交际性的口头或笔头的语言实践活动来进行教学，如复述、辩论、讨论等。

应该指出的是，克拉申的语言输入假设和斯温的语言输出假设是从两个不同的侧面来讨论语言习得观点的，都有合理成分，因此教师在英语教学中都应该注意到。

4.错误分析和中介语

（1）错误分析

20世纪50年代后期开始，一些学者对学习者的错误进行了较为系统的分析，这就是人们所说的"错误分析"。由于人们感到对比分析不能预测学习者的全部错误，因此有必要对学习者的错误进行系统的分析和研究，以确定其原因和学习者学习上的共同难点，为教学工作和教材编写提供信息和依据。

通过研究发现，虽然有些错误来自母语的干扰或负迁移，但很多错误是由于学习者在外语学习过程中对目的语的理解和消化不够全面。他们认为外语学习是一个漫长的、将目的语的规则内在化的过程。

（2）中介语

中介语介于母语和目的语之间，是学习过程中的一种过渡性语言，虽有母语和目的语的一些特征，但既不是母语，又不是目的语。中介语有其系统性且是动态的，是随着学习者接收更多的第二语言输入，不断改变他们对第二语言的假设而发展的。

由于学生使用中介语，犯错误是不可避免的，错误可以归纳为以下三类：

①形成系统前的语言错误

这种错误是随意性的错误，犯错后，学习者还不能说明其为何要选取某一形式。

通过搜罗语言素材发现，造成这种错误的原因在于学习者未能掌握某种交际意图，但又仓促地去应对。

②形成系统时的语言错误

主要出现在内化过程中，尽管系统规则已形成，但学习者在实践中的理解还不够完整。

③形成系统后的语法错误

学习者知道英语所有形式，已经形成较完整的语法体系，但由于尚未养成习惯，便还会出错。

此外，国际知名的外语教学专家杰克·C.理查兹认为学习者犯错误的原因有以下三种：

第一，母语的干扰。

第二，在学习过程中，对一些规则的过度概括、忽略规则的限制和应用规则不完全等。

第三，教学不当或教材使用不当。

语言学家指出，对于错误，应采取不同的方式加以解决。教师可提醒学生，同时加以引导，虽不必逐点指出，但应给出正确的说法。在不同的阶段学生往往犯不同的错误，故教师应多提供语境和机会，采取宽容的态度，但应给出必要的解释。

对于教师而言，使学生对规则有完整的理解，正确地对待错误，能多使用语言，并在运用中掌握语言，就离教学目标更近一步了。

第二节　大学英语教学内容

大学英语的教学内容是根据中华人民共和国教育部办公厅印发的《大学英语课程教学要求》（以下简称《要求》）的内涵与宗旨制定的。《要求》中明确指出了大学英语教育的性质、目标、课程设置等相关内容。在《要求》的指导下，设计了一个基于跨文化交际的高校英语教学大纲，大纲中对大学英语的教学内容做出了明确说明。

大学英语的学习按此大纲分为语言基础内容、文化嵌入与文化教学内容、文化心理项目、跨文化交际因素、语言知识、语言技能、学习策略、文化意识、情感态度九大板块。以上几项可以分为两大块内容，即语言知识与技能教学和文化教学。

一、语言知识与技能教学

语言知识与技能教学具体来说包括语法结构、功能意念、语言技能、阅读技能、写作技能、翻译技能。

（一）语法结构

英语语法是语言学家在对英语语言进行研究后，系统地总结归纳出来的一系列语言规则。英语语法的精髓在于掌握语言的使用，包括对词的使用，对时态、语态、语气的使用，对句子成分和结构的认识。

1. 对词的使用

这里首先要明确英语中词的分类。英语中的词分为实词与虚词。实词指的是在句子中能够独立构成句子成分的词，包括名词（表示人或事物的名称，分为普通名词与专有名词）、代词（代替名词、形容词或数词，分为人称代词、物主代词、反身代词、相互代词、指示代词、疑问代词、不定代词、关系代词、连接代词）、数词（表示数量或顺序，分为基数词与序数词）、动词（表示动作或状态，分为实义动词、系动词、助动词、情态动词等）、形容词（表示名词的特征）、副词（修饰动词、形容词、其他副词或全句，表示状态特征或行为，分为时间和频度副词、地点副词、方式副词、程度副词、疑问副词、关系副词、连接副词、顺序副词、完成时副词）。而虚词则指不能在句子中担任任何独立成分的词，包括冠词（用在名词前，说明名词所指的人、物）、介词（用在名词、代词前，表示名词、代词等与其他词的关系，分为简单介词、合成介词、重叠介词、短语介词、分词介词）、连词（用来连接词与词、短语与短语、句与句，分为并列连词、从属连词）、感叹词（表示说话时的感情或口气）。

明晰了词的分类，还需要对其变化形式有所了解。英语中词的变化也包含着诸多内容。

（1）名词

名词的变化涉及名词数的变化以及所有格的变化。名词数的变化分为规则变化与不规则变化。规则变化中，有直接在名词末尾加 s 的；有在以 s、x、ch、sh 等结尾名词后加 es 的；以辅音字母加 y 结尾的则变 y 为 i，再加 es；以 o 结尾的名词，如果名词表示的是没有生命的，直接加 s，如果名词表示的是有生命的，则在结尾加 es；以 f、fe 结尾的，去掉 f、fe，加 ves。遇到不规则变化的情况时，有不变、变元音和其他情况，需要具体情况具体分析，单独识记。

名词的所有格是表示名词所属关系的，它的变化分为单数名词、复数名词以及其他不能加 s 的名词三种形式。对单数名词来说，以 s、es 结尾的，直接在名词后加 s；而不以 s、es 结尾的，则在名词后加's。如果是复数名词，规则与单数名词一致。但有一种特殊情况，就是碰到其他不能加's 的名词时，要用"…of…"形式。

（2）代词

要具体区分三类代词，即人称代词、物主代词和反身代词。人称代词分主格和宾格两类，单数和复数也有所区别。物主代词分为形容词性物主代词和名词性物主代词两种。需要注意的是，形容词性物主代词相当于形容词，置于名词前作定语。名词性物主代词相当于名词，不能用于名词前。反身代词是一种表示反射或强调的代词，用反身代词指代主语，能使施动者把动作在形式上反射到施动者自己身上。第一、第二人称的反身代词是由形容词性物主代词加上 self 或 selves 构成的。其中，selves 是当形容词性物主代词为复数时才用的。第三人称的反身代词是由人称代词的宾格加上 self 或 selves 构成的，selves 是当形容词性物主代词为复数时才用的。

（3）数词

数词表示数量或顺序等，分为基数词和序数词，基数词表示数目的多少，序数词表示事物的先后顺序，常与定冠词 the 连用。

（4）动词

动词需要注意的是第三人称单数形式和现在进行时。动词采用第三人称单数形式时，一般情况下，在动词后加 s；以 s、x、ch、sh 结尾的词加 es；以辅音字母加 y 结尾的动词，把 y 变 i 加 es。

采用现在进行时形式时，一般情况下，直接在结尾加 ing；以 e 结尾的，去掉 e，加 ing；以重读闭音节结尾，末尾只有一个辅音字母的，双写辅音字母加 ing。

还有一种特殊的动词是情态动词，情态动词要与动词原形以及其被动语态一起使用，给谓语动词增添情态色彩，表示说话人对有关行为或事物的态度或看法，认为其可能、应该或必要等。这里要强调的是，情态动词后面要加动词原形，不能表示正在发生或已经发生的事情，只表示期待或估计某事的发生，除 ought 和 have，后面只能接不带 to 的不定式，不随人称的变化而变化，不受任何时态影响。

情态动词没有非谓语形式，即没有不定式、分词等形式。

（5）感叹词

感叹词是指在说话时表达喜、怒、哀、乐等情感的词。它不构成后面句子的语法成分，却在意义上与其有关联，后面的句子一般说明这种情绪的性质、原因。感叹词是英语口语中最富有表现力的词类之一，用途甚广。

2.对时态、语态、语气的使用

时态是一种动词形式，不同的时态用以表示不同的时间与方式。动词时态是表示行为、动作和状态在各种时间条件下的动词形式。因此，当我们说时态结构的时候，指的是相应时态下的动词形式。

动词的基本时态有四种，即一般时态、进行时态、完成时态、完成进行时态。一般时态包括一般现在时、一般过去时、一般将来时、一般过去将来时；进行时态包括现在进行时、过去进行时、将来进行时、过去将来进行时；完成时态包括现在完成时、过去完成时、将来完成时、过去将来完成时；完成进行时态包括现在完成进行时、过去完成进行时、将来完成进行时、过去将来完成进行时。

语态是描述句子中动词和参与此动作的主语之间关系的一个术语。当主语是动作的发起者时，称为主动语态；如果主语为动作的承受者，则为被动语态。

主动语态主语是谓语动词的使动方，它直接使用动词原形作为谓语，然后再在该动词原形的基础上施加时态和其他语法。而被动语态表示主语是动作的承受者，主语是谓语动词的受动方。它是由助动词 be 和及物动词的过去分词构成的。被动语态的时态变化只改变 be 的形式，过去分词部分不变。疑问式和否定式的变化也是如此。

主动语态与被动语态之间可以相互转化。如将主动语态转变为被动语态时，要先找出谓语动词，然后再找出谓语动词后的宾语，把宾语变为被动语态中的主语，但在这里需要注意人称、时态和数的变化。另外，在使用被动语态时，要清楚不及物动词没有被动语态；有些动词用主动形式表示被动意义；感官动词或使役动词使用省略 to 的动词不定式，主动语态中不带 to，但变为被动语态时，要加上 to；如果是将接双宾语的动词改为被动语态，则直接用宾语作主语，那么动词后要用介词，这个介词是由与其搭配的动词决定的；一些动词短语变为被动语态时，动词短语应当看作一个整体，不能丢掉其中的介词或副词。

语气是动词的一种形式，它表示说话人对某一行为或事情的看法和态度。

可分为表示动作或状态是现实的、确定的和符合事实的陈述语气；表示说话人的建议、请求、邀请、命令等的祈使语气；表示动作或状态不是客观存在的事实，而是说话人的主观愿望、假设或推测等的虚拟语气。

3.对句子成分和结构的认识

在英语中，句子一般由主语和谓语两个部分组成，主语是名词或动名词，谓语则是动词。句子成分是在句子中起一定功用的组成部分。句子由各个句子成分所构成，句子的组成部分包括主语、谓语、宾语、定语、补语、状语、表语七种。每一个句子必须包含主语、谓语和宾语。而其他成分要视具体情况而定，并非必要因素。

（1）主语

主语是句子叙述的主体，一般位于句首，可作主语的有名词、代词、数词、名词化的形容词、不定式、动名词和主语从句等。

主语是句子陈述的对象，指出是谁或是什么。

（2）谓语

谓语是用来说明主语所发出的动作或具有的特征或状态的，一般由动词充当。谓语是对主语动作或状态的陈述或说明，一般位于主语之后。

（3）宾语

宾语是指一个动作的对象或接受者，常位于及物动词或介词后面。宾语分为直接宾语和间接宾语两大类，其中直接宾语指动作的直接作用对象，而间接宾语说明宾语并不是动作的直接作用对象，但受动作影响。一般而言，及物动词后面至少要有一个宾语，而该宾语通常为直接宾语，有些及物动词要求有两个宾语，这两个宾语通常一个为直接宾语，另一个为间接宾语。名词、代词、数词、动名词、带 to 的不定式、一个句子都可以作宾语，而带 to 的不定式则作宾语补足语。

（4）定语

定语是用来修饰、限定、说明名词或代词的品质与特征的成分。定语主要为形容词，此外还有名词、代词、数词、介词短语、动词不定式、分词、定语从句，或相当于形容词的词、短语或句子。汉语中常用"……的"表示，它是定语的标志。定语和中心语之间是修饰和被修饰、限制和被限制的关系。在汉语中，中心语与定语二者之间有的需要加结构助词"的"，有的则不需要，还有的可要可不要。而在英语中则没有如此细致的分类。

（5）状语

在英语句子中，用来修饰动词、形容词、副词等的句子成分叫作状语。状语的主要作用是说明地点、时间、原因、目的、结果、条件、方向、程度、方式和伴随状况等。其一般由副词、介词短语、分词和分词短语、不定式或相当于副词的词或短语来担当。其一般位于句末，但也可以位于句首或句中。

（6）补语

英语补语的作用对象是主语和宾语，它具有鲜明的定语性描写或限制性功能，在句法上具有重要的补充说明作用。最常见的是宾语补足语，作宾语补足语的可以是名词、动名词、形容词、副词、不定式、现在分词、过去分词等。

（7）表语

表语是用来表示主语的身份、性质、品性、特征和状态的句子成分，表语通常由名词、形容词、副词、介词短语、不定式、动词的进行时形态、从句来充当，其位置常在系动词后。还有一种特殊情况，如果句子的表语也是由一个句子充当的，那么这个充当表语的句子就叫作表语从句。

（8）同位语

当两个指代同一事物的句子成分放在同等位置时，一个句子成分可被用来说明或解释另一个句子成分，前者就叫作后者的同位语。这两个句子成分多为名词或代词，同位语通常放在其说明的名词或代词之后。同位语和补语在某些句子中有相似之处，但也存在着一定的区别，表现为补语不能缺少，同位语可以缺少。

（9）独立成分

当一个词、短语或从句用在句子里面，与句子中的其他成分只有意义上的联系而没有语法关系时，其就被称为独立成分。常见的独立成分有惊叹语、插入语、介词短语、非谓语动词所构成的短语，以及形容词、副词所引起的词组等。

了解了句子成分，下一步就要了解一下句子的结构了。句子按其结构可分为简单句、并列句和复合句。

（1）简单句

简单句的基本形式是由一个主语加一个谓语构成。它是构成其他各种句子的基本形式，通常分为五大基本句型。

第一种句型是由主语与谓语构成的，这种句型被称为主谓结构，其谓语一般都是不及物动词；第二种句型是由主语、系动词和表语构成的，这种句型被称为主系表结构，在这一句型结构中，系动词在形式上也是一种谓语动词，系动词与表语一起构成了复合谓语；第三种句型为主语、谓语加宾语的结构形式，这种句型被称为主谓宾结构，它的谓语一般多是及物动词；第四种句型是由主语、谓语、间接宾语与直接宾语构成的，这种句型被称为主谓宾结构，其谓语应是可以充当双宾语的及物动词的，但两个宾语还是有所不同的，其中一个是间接宾语，另一个是直接宾语。第五种句型是由主语、谓语、宾语和宾语补足语构成的，这种句型被称为主谓宾补结构，其补语是宾语补语，与宾语一起构成复合宾语。

在简单句中，有一种特殊的句型需要注意，即 it 引导的结构句型。在这种句型中，it 既是代词又是引导词。it 作代词时，它可作人称代词、指示代词、非人称代词，用于前指、非确指或习语中。但在作引导词时，它本身无实义，只起先行引导的作用。它可作形式主语或形式宾语，而真实的主语或宾语则是不定式、动名词或名词从句，它们的位置在形式主语或形式宾语之后。it 也通常用于强调句结构。

（2）并列句

并列句是由两个或两个以上的简单句用并列连词连在一起构成的句子，其基本结构是"简单句＋并列连词＋简单句"，常用的并列连词有 and、but、or、so 等。并列句中的几个简单句意义同等重要，它们相互之间互不从属，是平行并列的关系。

（3）复合句

复合句指的是由一个主句和一个或一个以上的从句构成的句子。在复合句中，主句是全句的主体，通常可以独立存在；而从句则是一个句子成分，不能独立存在。虽然从句不能单独成句，但它也有主语部分和谓语部分，就像一个句子一样。不同之处在于，从句由一个关联词引导。按类型分，从句可分为名词性从句、主语从句、宾语从句、表语从句、同位语从句和其他从句。

名词性从句指在句子中起名词作用的句子。名词性从句的功能相当于名词词组，它在复合句中能担任主语、宾语、表语、同位语、介词宾语等，因此要根据名词性从句在句中不同的语法功能，将句子分为主语从句、宾语从句、表语从句和同位语从句。

其中，主语从句是从句作主语的句子。主语从句通常由从属连词 that、whether、if，连接代词 what、who、which、whatever、whoever，以及连接副词 how、when、where、why 等构成。that 在句中没有实际意义，只起到连接作用，而连接代词和连接副词在句中既保留了自己的疑问含义，又起到连接作用，在从句中充当从句的成分。名词句用作宾语的从句叫宾语从句。引导宾语从句的关联词与引导主语从句、表语从句的关联词大致一样，在句中可以作谓语动词、介词、非谓语动词的宾语。具体来说，宾语从句可分为由连接词 that 引导的宾语从句，这类宾语从句是由 who、whom、which、whose、what、when、where、why、how、whoever、whatever、whichever 等关联词引导的，以及由 whether、if 引导的宾语从句。由 that 引导的宾语从句，that 在句中没有实际意义，并且在口语或非正式的文体中常被省去，但如果从句是并列句时，第二个分句前的 that 不可省略；用 who、whom、which、whose、what、when、where、why、how、whoever、whatever、whichever 等关联词引导的宾语从句相当于特殊疑问句，句子要用陈述语序，用 whether 或 if 引导的宾语从句，仍保持陈述句语序。

表语从句是指在句中作表语的从句。引导表语从句的关联词与引导主语从句的关联词大致一样，其位置在系动词之后，有时用 as if 引导。

同位语从句的作用是说明其前面名词的具体内容，同位语从句通常由 that 引导。可引导同位语从句的名词有 advice、demand、doubt、fact、hope、idea、information、message、news 等。

（二）功能意念

功能意念是学习者把运用语言的需要当作出发点，以交际为基础，大纲的内容主要是功能和意念项目。功能和意念实际上是语言行为的两个组成部分。功能是指语言使用者通过语言来完成某件事情，以达到某种交际目的，如请求、建议、邀请、命令、希望、拒绝等，所以语言的功能是，让人们在各种情景、语境中使用语言进行社交活动的一种概念。意念则是表示交际的内容，即人们在使用语言实现某种功能时所涉及的或需要处理的概念及它们之间的关系，如时间、空间、数量、条件、因果等。所有的语言功能都要通过意念来起作用，一般可以用为什么即 why 提问来检验功能，确定交际目的或意图，而用 who 或 what 来检验要达到交际目的所涉及的意念。例如，提出邀请这个语言行为本身就是功能，邀请谁，邀请干什么就涉及意念了，所以意念是由话题来决定的。功能意念的优势是重视语言使用的内在动机,能够为语言教学提供更加现实而真实的内容,使课程设置更加灵活,还能够大幅提高教学质量。但是功能意念概念也存在着一些不足之处,如项目分级不够科学导致缺乏系统性;功能性太强,在解决结构与功能的有效结合等问题时显示出一定的矛盾性。

由功能意念的概念及其大纲衍生出了功能意念教学法。它是一种直接让外语学习者用所学外语在实际交际中明确需要做什么或表达什么意义,或者要达到什么交际目的,据此选择和安排语言内容的教学方法。此种教学方法与情景教学法结合使用时,是目前培养学生外语交际能力的一种最理想、最有效的教学手段。

功能意念可分为六大类:介绍或了解事实(识别、报道、更正等)、表明及询问对事物的看法(同意、反对、否认等)、表达及了解情感关系(高兴、不悦、喜爱、厌恶等)、表明及询问对事物的态度(道歉、原谅、不满等)、社交(问候、介绍、告别等)、办成事情(建议、要求、邀请等)。但也有人将其细分为十个方面:寒暄(问候、告别、介绍、道歉、邀请、提议等)、态度(决心、同意、命令等)、情感(高兴、担忧、失望、恐惧等)、时间(时段、时间关系、时序等)、空间(位置、方向、距离等)、计量(长度、宽度、深度、速度等)、信息(定义、解释、叙述、结论等)、关系(比较、差异、目的、假设等)、计算(加、减、乘、除等)与特性(形状、颜色、规格、功能等)。但无论是哪种分类,都反映了学生对语言交际功能的需求。

(三)语言技能

语言技能是构成语言交际能力的重要组成部分。语言技能包括听、说、读、写四种基本技能以及对这四种技能的综合运用能力。其中,听和读属于理解技能,说和写属于表达技能,这四种技能在语言学习和交际中相辅相成、相互促进。学生应通过大量的专项和综合性语言训练,培养良好的语言运用和交际能力,为学好英语打下坚实的基础。因此,听、说、读、写四种能力既是学习的内容,又是学习的手段。在多数情况下,语言技能培养的目标是要让学生在某个级别能做到应该做的事，这样的目标设定既可以调动学生学习的积极性，促进学生语言运用能力的提高，也有利于科学、合理地评价学生的学习结果。

语言技能的训练包括以下 13 个方面：辨别音素，辨别重音，辨别语调类型，理解话语的交际能力，理解语篇的主题或大意，领会说话人的观点、态度或意图，语音语调的标准化，善于提问和回答，复述故事或短文，就日常生活话题进行对话，口头作文，采访书，即兴简短演讲。下面介绍前三类的基础性技能与训练：

1.辨别音素

音素是语音中最小的单位，依据音节里的发音动作来分析，一个动作构成一个音素。音素分为元音、辅音两大类。英语国际音标共有 48 个音素，其中元音音素 20 个、辅音音素 28 个。

（1）元音音素

元音是在发音过程中由气流通过口腔而不受阻碍发出的音，又具体分为单元音与双元音。

（2）辅音音素

辅音与元音相对，是指在发音的时候，从肺里出来的气，经过口腔或者鼻腔时受到阻碍形成的音。辅音分为清辅音与浊辅音。

（3）读音规则

在进行元音与辅音的读音练习时，首先进行辅音的发音练习。因为辅音的发音规则较简单，在了解了辅音的发音规则以后，再研究元音的读音规则。

元音音素的读音也会因不同的字母组合而不同，所以元音音素的读音规则要联系元音字母、元音字母组合、元音字母和辅音字母的组合一起识记才能达到效果。

2.辨别重音

在语音学中，重音是相连的音节中某个音节发音突出的现象。而在英语的语音当中，需要记住两个原则：第一，一个单词只有一个重音，若听到有两个重音，则说明有两个单词。但当单词较长时，也会出现主要重音与次要重音。

在发音时，后者比前者要轻一些。第二，发音时重音要落在元音上而非辅音上。

但如何分辨重音呢？现阶段我们只能根据一些基本的读音规则来学习相关的重音阅读知识。但是，虽然学习了相关知识，也不可对此知识过分依赖，也应注意特殊情况要特殊处理。最好的方法就是在具体语境中体会语言的韵律，然后自然而然地把重音加上去。或者在教学生查字典时，除了让学生掌握基本规则，还要鼓励学生识记特殊情况。

3.辨别语调

语调，即说话的腔调，就是一句话里声调高低抑扬轻重的变化。英语的基本语调包括升调（↗）和降调（↘），它们还可以组合成降升调、升降调和升降升调。与汉语相似，用不同的语调说出的句子会有不同的意思。

升调是表示"没有结束"或者"不肯定"的意思，常见的一般疑问句都用升调来读。升调特点如下：

第一，整个句子的音调从第一个重读音节开始，从高到低，依次降调，但在最后一个重读音节上变为上升语调。

第二，若最后一个重读音节后有非重读音节，则在读出此句子时依次升调。

第三，若句子以非重读音节开始，则它们的语调低平。

第四，句中的非重读音与它前面的重读音基本在同一音高上，或依次降调。这里有一个口诀可有助于记忆：重读音节依次降调，句末重读回升上滑。

降调则是表示"结束"或者"肯定"的意思，常见的一般陈述句、命令祈使句和特殊问句都是使用降调来读的。使用降调的句子有如下特点：

第一，整个句子的音调从第一个重读音节开始，从高到低，依次降调，在最后一个重读音节上语调滑落下降。

第二，若最后一个重读音节后有非重读音节，则它们的语调低平。

第三，若句子以非重读音节开始，则它们语调低平。

第四，句子中的非重读音节与它前面的重读音节基本在同一音高上，或略为下降。降调的口诀为：重读音节依次降调，句末重读降落下滑。

英语的语调中除了基本的升调和降调，还有降升调、升降调和升降升调等组合。其中，降升调在英语中也比较常用，它常表示"对比""态度保留""有言外之意"；升降调常表示语气强烈、惊奇、自满得意等感情；升降升调常表示自信、欢快、扬扬得意等感情。

（四）阅读技能

阅读技能是语言技能的一种，也是控制和调节阅读活动的心智活动方式之一。阅读技能是在阅读活动过程中形成和发展起来的，主要包括理解主题和中心思想的能力、辨认关键细节的能力、区分事实和看法的能力、推论和做结论的能力、略读以获取文章大意的能力、快读以查找特定信息的能力、利用上下文线索猜测生词或短语含义的能力、理解句子内部关系的能力、参阅附加信息技能的能力。

而概括来说，阅读技能就是根据一定目的寻找、选择必读材料的技能，使用工具书的技能，根据不同目的选择并熟练运用适当阅读方式的技能，边阅读、边思考、边做笔记的技能，等等。阅读技能是现代阅读教学的重要内容，在训练时应遵循由易到难、由浅入深、循序渐进的原则，有计划地逐项进行。

要训练阅读技能，需要从以下几个方面入手：

第一，采取科学记忆方法，扩大词汇量。掌握大量词汇尤其是生词词汇是提高英语阅读技能的基础，如果词汇量匮乏，就会对阅读英语文章产生极大障碍。根据大纲要求，学生需掌握 4 200 个单词以及由这些单词构成的常用词组，同时应具有按照基本构词法识别生词的能力。而掌握词汇绝不能靠死记硬背，必须采取科学记忆方法，扩大生词词汇量，如可利用同根词扩大词汇量。在所有构词法中，缀合法是构词能力最强的一种，它是英语扩展词汇的重要途径。因此，可充分利用构词法，通过添加前缀、后缀、交叉合成等手段，使学生产生联想记忆，还可利用合成词的方法扩大词汇量。合成词是指把两个或两个以上的独立词合在一起构成的新词。

第二，要培养正确的阅读方法。使用正确的阅读方法往往能使我们的阅读达到事半功倍的效果。阅读时，大致可以采用以下三种方法：第一种为略读法，即在阅读时，可以略去一些材料不读，如果感到自己已经掌握了文章的主旨大意，完全可以省略其他内容。略读的应用范围很广，包括阅读教科书、考试用书、课外书籍和报刊等，同时还是精读的必要准备环节。第二种方法为查读法，这种方法是为查找某一特定信息而进行的阅读，速度比略读还要快，而且有很强的目的性。一旦找到答案，就会立即停止阅读。第三种方法为研读法，也叫精读法，主要用于学习和研究，这种方法对学生阅读能力的提升有很大帮助，通过这种方法，可以对语法、文章结构等有详细、全面的认识，也能使写作能力进一步提升。但这种方法耗时费力，不适合在考试当中使用。

第三，熟悉了阅读方法后，还要掌握正确的阅读技巧。一般的阅读技巧有三种：第一种是略读，即快速浏览文章并在短时间内掌握文章大意，找出主旨句，进而掌握文章的中心思想。第二种是跳读，跳读的目的是快速定位文章中某些特定的信息，如时间、地点、人物、数字等细节。第三种是细读，运用此种方法阅读文章，要对文章的关键词句仔细推敲，不仅要理解其字面意思，还要通过推理和判断理解其内在含义。而对于含义深刻的长句，还要对其进行语法分析，理解其含义，同时理顺文章的内在关系，对文章结构进行深入理解。

第四，要加强对语言文化背景知识的学习。任何一种语言的学习都不是孤立的，都要了解相关的语言文化背景，英语也是。如果没有相关的背景文化做支撑，对于部分英语句子的理解将出现偏差，从而影响对整句话乃至整篇文章的理解。因此，要加强对与语言相关的人物历史、科普常识、文化习俗等相关知识的学习，这样才能加强对相关语句以及文章的理解。

第五，增强英语思维能力。在学习英语时，不能以自己固有的思维方式去理解，要学会用西方的思维方式来分析词语、句子及其内在联系。这样才能从整体上把握文章的篇章结构，找出主旨句，理解文章的中心思想，提高语言分析能力。

（五）写作技能

写作技能是对自己的积累进行选择、提取、加工、改造的能力。英语的写作包括句子写作、段落写作、篇章写作。

要想提高英语写作能力，需从以下几个方面入手：

第一，扩大词汇量。和汉语类似，词汇是英语写作的基础，只有在掌握丰富的词汇量的前提下，才能使写出的文章有血有肉。扩大词汇量的方法，在前面训练阅读能力时已经有所提及，这里就不再赘述了。

通过扩大词汇量，打好使用单词与词组进行写作的基础，为下一步进行句子扩展做好准备。

第二，进行扩句练习。在能够书写单词与词组的基础上，将词与词组联结成语义连贯、结构完整的句子。在进行扩句练习时，首先要掌握不同句型的结构、用法以及使用中的注意事项，然后就要开始进行扩展句子的练习了。

练习的内容包括：句型转换、对语言错误的分析，以及英汉互译。学生可以针对一些常用句型进行形式多样的训练，学习一些句型转换的方法，如同义词替换、从句转换等。通过句型转换的训练，把课堂练习与课后练习结合起来，培养扩展句子的能力；对语言错误进行分析，在完成扩写之后，要对完成的句子进行分析，发现句中存在的错误以及分析产生错误的原因，摆脱母语及其他因素对外语学习的干扰，逐步向目的语靠拢，写出规范的句子；此外，还可以通过英汉互译用已学的单词造句，这样不仅巩固了词汇和语法知识，而且也训练了多种不同的句式。

第三，将句子连成文章。在拥有了一定的词汇量，并能够顺畅地完成扩句后，下一步就要将句子连成完整的文章了。在将句子连成文章时，学生首先要厘清句子在文中所起的作用以及句与句之间的关系，掌握段落的主旨句、扩展句和结尾句的不同特点。还可通过阅读其他相关文章积累材料。

（六）翻译技能

翻译就是运用一种语言把另一种语言所表达的思想内容准确而完整地重新表达出来的语言活动。

相较于听、说、读来说，翻译更有难度，它需要译者能够应用英语和汉语两种语言进行熟练的转换。所以，翻译不仅仅是译者英语水平的体现，还体现了其汉语水平。在互译的过程中，有一点原则需要注意，即无论是汉译英还是英译汉，都要做到信、达、雅。这和中国的古汉语译为现代汉语是一个道理。信，指的是翻译要准确，所表达的意思要清楚；达，指的是翻译要通顺流畅；雅，则指的是翻译的句子要优美生动。另外，翻译还包括口头翻译。这就对译者提出了更高的要求：不仅要有很强的翻译能力，还要很机敏，反应迅速。

想要提高翻译能力，首先要熟练掌握汉语和英语。只有熟悉了两种语言的区别与联系，才能做到自由转换。其次也要加强训练，可以先翻译片段，然后再翻译文章。在平时的对话中，学生也可以练习用英语进行交流，这也是一种翻译能力的体现。最后可以尝试模仿名家翻译，通过模仿，总结翻译的方法。还有一点需要注意，即在进行翻译时，要做到不断修改，学会意译，而不是直译，使翻译更具美感，达到"雅"的要求。

二、文化教学

语言是文化的载体，是文化的主要表现形式。语言是社会民族文化的一个组成部分，是随着民族的发展而发展的。不同民族有着不同的文化历史背景与风俗习惯，而各民族的文化和社会风俗又都蕴含在该民族的语言之中。语言离不开文化，文化依靠语言，英语教学也是语言教学，自然也离不开文化教学。

在文化学习的过程中还涉及跨文化交际。跨文化交际需要有跨文化意识，跨文化意识是指对异国文化与本国文化之间异同的敏感度，以及在使用外语时根据目标语包含的文化内涵来调整自己语言理解时产生的自觉性。试想，如果一个学生能说一口流利的外语，却因中西方的文化差异而出现语言用法的失误，这必然会导致交际双方产生误解。这种误解会给学生的社会交际带来许多麻烦。因此，在外语学习中，学生要有意识地多接触并学习外国文化知识，培养文化意识，在跨文化交际中充分发挥语言交际的功能，从而达到交际的目的。文化学习的内容包括称呼语、感谢与答谢、赞美、隐私、介绍、词汇的文化内涵等。

对文化的学习，应培养文化意识，使学生能主动地、自觉地吸收并融入新的文化环境中，可从以下两个方面入手：

第一，尝试将中西方文化进行比较，比较中西方文化在称呼、招呼语、感谢、谦虚、赞扬、表示关心、谈话题材和价值观念等方面的差异，从而自然而然地渗透到英语教学中。

第二，利用多种方式吸收和体验异国文化。如可以收集一些英语国家的物品和图片，了解外国历史文化与风土人情；通过英语电影、录像等创造语言环境，使学生对英语的实际应用有切身的体验；阅读与外国文化相关的简易读本、名著，加深对英语文化的了解，创设形式多样的语言环境，增强对文化知识的实际运用。

第三节　英语教学的基本原则

一、交际性原则

语言是交际的工具，人们主要通过语言来交流思想、传递信息。交际是在特定语境中说话者和听话者、作者和读者之间的意义转换。由此，我们可以得出以下几点启示：

第一，交际包括口语和书面语两种形式。

第二，交际总是发生在一定的语境之中。

第三，交际需要两个以上的人参与。

第四，交际需要两个或者多个人之间的互动。

学习英语的首要目的就是交际，此能力的核心就是能够运用所学的语言知识在不同的场合下和不同的对象进行有效得体的交际。因此，教师在英语教学中首先要贯彻交际性原则，使学生能用所学的英语与人交流，要在教学过程中努力做到以下几点：

（一）充分认识课程性质

英语课是一种技能培养型的课程，在教学过程中，教、学、用三个方面构成一个有机的相辅相成的统一体，其中的核心在于使用。因此，认清课程的性质是落实交际性原则首先需要解决的问题。

（二）创设情景

在教学中，某一特定的情境要与学生生活密切相关，在基础英语教学中，开展丰富多彩的交际活动，结合教材的内容，创设多种形式的情景，使学生有身临其境之感，从而提高他们学习英语的兴趣，从而能够进一步做到学用结合。

语言交际发生在特定情境之中，主要包括时间、地点、参与者、交际方式、谈论的题目等要素。在不同的情景之中，同样的一句话往往具有不同的功能，表达不同的意义。因此，在一定的情景之下学习英语，要使讲话者所处的时间、地点符合情景的要求，包括制约说话的内容、语气等。可以说，这是一种有意义的情景教学，将教学内容置于其中，从而顺利地完成教学任务。

因此，英语教学活动要充分考虑交际性的特点，尽量利用各种教具，创设各种真实或逼真的英语交际训练活动，这样不仅能使学生学得有兴趣、有成效，而且能够进一步提高学生的学习效果。

（三）培养语言使用得体性

传统的英语教学只偏重语法结构的正确性，而根据交际性原则，英语教学的首要目标在于培养学生进行有效交际的能力，学生要具备良好的交际能力，需要能够在适当的时间、适当的地点，以适当的方式向适当的人讲适当的话。

（四）精讲多练

英语课堂活动不外乎讲和练两种，前者是指讲授语言知识，后者是指进行语言训练。在课堂上，适当地讲授一些语言知识是必要的，可以提高学生学习的效果。

此外，英语技能要进行"画龙点睛"式的点拨，只有通过条理化、系统化的实际训练，才能在语言训练的过程中获得成效。因此，在进行必要的讲解之后，教师要针对学生的具体问题，帮助学生养成思维习惯，在学生掌握了一定的语言事实后，给予适当指导，并进行总结与归纳，以培养学生语言交际能力。

（五）注重教学内容与活动的真实性

在英语教学中，教学话题要贴近学生的生活。教学活动设计的选择，要给学生足够的生活信息材料，能够让其在教学中，将语言和现实生活相结合。要把内容丰富的、题材广泛的交际话题，和学生所关心的事物联系起来，这样的教学能够使学生产生共鸣，进而了解英语学习的目的在于交际。

另外，教学内容的真实性还要求教材的语言和教师的语言是真实的，应该是在交际过程中所使用的语言，而不是专为教学而人为编写出来的。

二、兴趣性原则

在实际的英语教学中，学习兴趣是在学习活动中产生的，带有感情色彩，使学生能够积极探求真理、探求事物，推动学生去认识事物、获取知识，从中体验学习的情趣，使之成为学习中最活跃的因素。

但是，由于教学方法的不适当以及考试体系的不科学，教师没有很好地维持学生这种兴趣，更谈不上进一步地激发与培养了。学生对英语学习的兴趣来自学习英语的目的、学习活动本身以及由此而带来的自信心和成就感。为了激发和培养学生学习英语的兴趣，教师要做到以下几点：

（一）充分了解学生

教育应是了解学生生理与心理特点的过程，一种主动尊重学生，让学生通过体验和实践进行学习的过程，因此必须通过学习主体的积极体验，改变传统的学习方式，改变教师中心化。通过听做、说唱、玩演、读写和视听等多种方式，培养学生的学习兴趣。

传统的语言学习方式，强调学生的被动状态。在初级阶段，学生要学好音标、词汇、语法，这种方式的教学，虽有一定的道理，但是很容易导致课堂呆板。

因此，英语课程必须从学生参与实践，主动地尝试与创造开始改变，从改变学习活动方式、获得认知和语言能力等方面着手。适应学生的心理和生理特点，遵循语言规律，使学生形成良好的语感，提高交流能力。

（二）防止机械教学

英语学习需要一定的死记硬背和机械操练的活动，但是一定要注意，此类活动不宜太多，否则容易使学生失去兴趣，降低英语学习的有效性。在英语教学中，应重视设计学科过程、创设知识框架、营造技能情景，帮助学生在听、说、读、写等方面，建立学习策略，启动思维活动，通过各种方法，加速知识获取和内化过程，进而在交际实践中灵活运用英语。

（三）挖掘教材，激发兴趣

在英语教学过程中，教材是核心，教师是英语教学的主导，要想让学生感兴趣，最大限度地调动其积极性，使每节课都有新鲜感，教师就要认真研究教材，挖掘教材内容的兴趣点。

（四）鼓励表扬

在教学过程中，教师要运用多种激励方式，大胆实践，善于发现学生的长处，激发学生积极参与，多鼓励表扬，培养学生的自信心。对学生而言，学习兴趣的保持与成就感在很大程度上是密切相关的，因此能否获得成就感在学习中很重要。

三、灵活性原则

（一）教学方法灵活性

语言技能包括听、说、读、写，在英语教学中，为了挖掘学生的潜能，曾出现过许多不同的教学方法，例如语法翻译教学法、视听教学法、交际教学法等。

通过综合研究各种方法可以发现，每种教学方法都有自身的优势及不足，因此对于教师而言，面对不同的语音、词汇、语法，应该从语言知识和语言技能两个方面兼收并蓄。而且在教学中要考虑学习者的个体差异，要集各家所长，灵活运用各种教学方法。

还要注意，在英语教学过程中，教师切忌拘泥于某一种所谓的流行方法。在实际教学中，教师应创造性地开展教学活动，根据学生自身的特点，运用多种不同的教学方法。

（二）学习灵活性

教学方法和内容的灵活性可以带动英语学习的灵活性。要努力改变以往死记硬背的机械性学习方法，帮助学生探索合乎英语语言的学习规律，使学生能够自我导向、自我激励、自我监控。

（三）语言使用灵活性

在英语教学的过程中，要运用英语来实现交际愿望，学习的关键在于使用，对于教师而言，要通过灵活地使用英语，来带动学生积极参与，使学生感受快乐的学习过程。

四、输入优先原则

在英语学习过程中，输入是指通过听和读，接触英语材料，输入的量越大，输出的能力就越强。因此，输出是指用英语进行表达。

在语言学习中，能理解的总比能表达的多；能听懂的比能说的多；能读懂的，又比能写的多。因此，在英语学习中，听的、读的东西越多，表达能力也就越强。

输入优先原则的主要理论依据就是克拉申所提出的语言学习的监控假说，根据输入的特点，我们还可以把输入分为五种形式。

（一）可理解输入与不可理解输入

可理解输入是指学习者听到或读到的可以理解的语言材料，这些材料的难度应该略高于学习者目前的语言水平。不可理解输入指学习者即使在现有语言水平和相关语境的帮助下也无法理解的语言材料，这类材料对于学习者的帮助不大。

（二）粗调输入和精调输入

粗调输入是指没有经过任何语言调整的语言输入，而精调输入是经过调整后的语言输入。在英语学习的初期，给学生提供精调输入是必要的，应该随着学生水平的不断提高，逐步增加粗调输入的量。

（三）自然输入和非自然输入

自然输入主要指听和读，非自然输入指背单词、词组、句型等。语言输入既包括自然输入也包括非自然输入。非自然输入也有助于提高学生的语言能力。

（四）外部输入和内部输入

外部输入指教学与社会环境向学习者提供的语言输入，从语言习得的环境来看，外部包括教师对学生、学生之间以及社会对学生所产生的语言影响。

通过研究可以明确，语言习得与语言环境密切相关，内部输入是学生在自我练习中自言自语，指学习者自身产生的寻求语言交流的活动，在这种活动中，学习者与想象中的对象进行交流，也会继而产生相应的语言输入。

（五）反馈输入与非反馈输入

反馈输入是为了改进或提高学生的学习，对学习者有关语言学习的假设进行肯定或修正的输入。在教学环境中，反馈输入通常指，教师或学生为完成学习任务而做的反馈。非反馈输入指反馈输入之外的一切相关的语言输入。

基于上述讨论，教师在教学过程中应该注意以下几点：

第一，通过视、听、读等手段，帮助学生多接触英语。打破课内外的界限，扩大语言接触面。

第二，输入内容、形式多样化。既要有有声的、有图像的，还要有有文字的，接触题材、体裁及内容广泛且多样。

第三，强调理解能力，对语言技能先输入，后输出。只要能理解的，就应要求学生听懂、读懂。

第四，为学生提供符合实际的语言材料，要能够集趣味性与恰当性于一体。

五、循序渐进原则

循序渐进原则包括以下三个含义：

第一，先从口语开始，逐渐过渡到书面语。

第二，首先侧重听、说能力，逐渐过渡到读、写技能。

第三，语言知识、技能、能力要循环往复，逐步深化。

英语包括口语和书面语两种形式，其中口语是第一性的，书面语是第二性的。

（一）语言发展历史角度

从语言发展来看，口语与日常生活关系紧密，总是先有口语，人类从劳动中学会说话，继而渐渐有书面语，由此可见，文字的出现要晚得多。因此，对于英语教学而言，口语和书面语的差别，决定了英语学习要从听说开始。

（二）听说教学

对英语而言，听说教学非常重要，对于绝大多数学生来说，获取英语知识、掌握正确的语音，能使其获得良好的语言学习能力。在英语学习中，基本词汇、语音语调和句子结构，能够为培养读写能力奠定基础。在培养能力的基础上，听懂别人说话，明确英语含义，营造真实的语言环境，在情境中表达思想，建立信心，是英语教学的主要任务和教学过程中的实际情况。

在中国，由于缺少英语语言环境，因此教师每节课都要尽可能地创造语言环境，从听开始，循序渐进地培养学生的口语表达能力。只有具备了听的能力才能去说，进而顺畅地与别人用英语进行交际。

在教学过程中，为了保证英语课堂教学顺利进行，听的内容一定要结合生活实际，教师应努力与学生进行语言交流，为学生能够充分地"听"做好材料上的准备。因此，教师要不断巩固、不断更正，让学生在语言环境中学习英语，并通过比较学会使用单词和句子，继而在同学之间、在业余时间灵活运用语言。

（三）螺旋式发展

英语学习和教学应紧密联系，作为一个螺旋式发展的过程，前后课堂之间类似于滚雪球，教师应该注意一个语言项目的掌握，需要多次循环，不能一次性完成，在深度和难度上不能进行单纯重复，而是要有所提高。

因此，在具体的教学中，各个部分要循环往复，同时也必须复习前面的内容，要以旧带新，从已知到未知。不仅复习前面所教的内容，还要从学生已有语言知识出发，为后面的内容做好铺垫，讲授新的知识，奠定良好的基础，培养新技能。

六、可持续发展原则

从情感态度来看，贯彻可持续发展原则，关键是让学生体会学习英语的乐趣，主要目标是培养学生敢于开口、积极参与的学习态度。其中，最主要的是要培养学生积极向上的情感态度、逐步增强学生的学习兴趣，并使其掌握正确的学习策略。通常，初级英语教学处于基础阶段，完成后，还要在大学继续学习，因此要有可持续发展的意识。

因此，在英语教学中，学生心智的发展很重要，在此阶段，需要培养学生的自信心，不宜过多地强调实际作用，不要过于强调工具性。综上所述，对于培养和发展积极的情感态度，教师可以做好以下几点。

（一）建立良好的师生关系

情感因素有外在和内在两种不同的表现形式，需要通过仔细观察，才能发现二者的异同。因此，为了了解学生的情感态度，帮助他们培养积极的情感，克服消极的情感，教师必须与学生建立良好的师生关系，只有这样才能真正了解学生。

（二）建立情感态度的沟通和交流渠道

教师在教学过程中要注意使班级建立融洽、民主、团结、相互尊重的氛围。有些问题可以集体讨论，有些问题则需要师生之间进行有针对性的单独探讨。在沟通和探讨情感问题时，教师一定要注意尊重学生，不能伤害学生的自尊心。

（三）结合英语学习讨论情感问题

教师要注意把积极情感态度的培养融入日常的教学过程之中，针对学生学习过程中出现的具体问题进行有针对性的指导，帮助学生克服情感态度方面的困难。

第四节　大学英语学习环境与资源建设

一、英语教学与校园硬环境的建设

校园硬环境主要是指校园及课堂的基础设施和教学环境，是学生每天学习、生活的主要场所，加强硬件设施的英语环境建设，最能激发学生的英语学习兴趣，培养他们理论联系实际、学以致用的实践能力。例如，在校园各处的景点、教学楼和办公楼等场所，教师可以布置双语的标识牌。在外语教学单位的宣传板或通知栏中可以使用英文作为工具语言，营造出英语学习的浓厚氛围，培养学生对周围事物的语言认知能力。在图书馆、电教室等学生学习场所，教师可以提供英文杂志、原版书籍、英文原声影视音像等英语资源，让学生在寓学于乐中增加对英语的感性认知。而在学生的日常生活场所，教师还可以建立英语角、英语沙龙、英语咖啡屋等交流空间，吸引和鼓励学生互动交流，让英语走出课堂，走进生活，为学生提供以英语为交流工具的真实环境，提高他们对日常生活的英语语言习得水平。同时，在校园硬件环境的各处细节中，教师也要有融入英语意识，可以在校园广播中安排形式多样的英语节目，在校园网内设置英文网站，等等，这样便可以让学生随时随地置身英语环境中，在潜移默化中培养学生英语语言习得和使用习惯。

二、英语教学与校园软环境的建设

校园英语软环境建设主要是指英语语言及相关文化背景知识在日常教学和生活各个环节中的合理使用和有效介入,对于促进学生形成英语语言习惯具有示范引导的作用,有利于培养学生的跨文化交际意识,因此在大学英语教学中常常能取得比传统英语教学更为显著的效果。

首先,教师要保证在英语课堂中全程使用英语授课,鼓励和督促学生使用英语进行课堂互动,在教学中合理使用英语教学课件和辅助设备,创造一个用英语思考和研究的氛围。

其次,教师要处处起到模范带头作用,在校园中,英语教师可以把英语作为主要交流语言,给学生进行课下答疑或课外辅导时尽量使用适合学生水平的英语表达,只有教师起到时时用英语的表率作用,学生才会取得处处练英语的学习效果。

最后,在校园学习生活中,教师还应该为学生安排更多的与英语有关的学习和文化活动,如组织各类英语演讲、辩论、影视配音、翻译比赛等,让学生在竞争中认识到自己的不足,增强学生学习英语的进取心;组织各类与西方文化有关的戏剧表演、文化节、创新实践活动等,让学生增强英语学习兴趣,开阔文化视野,提高应用水平。

当然,校园英语软环境的建设内容还远远不止这些,学校、院系和教师必须注意影响学生英语水平的环境因素,处处为学生创造有利条件和实践机会,只有想到并做到这点,大学的英语教学水平才会从一点一滴的量变达到质变的飞跃。

三、加强教学资源建设，优化英语自主学习环境

（一）启发学生自主学习的潜能

建构主义先驱、儿童心理专家让·皮亚杰（以下简称"皮亚杰"）认为，教育的真正目的并非增加儿童的知识，而是设置既充满智慧又富有刺激的环境。王守仁教授在《大学英语课程教学要求（试行）》中指出："自主学习并不等于放任自由的学习，而是一种有组织的学习活动，需要外部环境的配套……"的确，教育的主要功能是创设最好的条件启发学生的潜能，挖掘学生学习的天性，为学生提供一个良好的学习和成长的环境，把教学环境逐渐开发成教学资源，把教学资源利用开发好，优化自主学习的环境，从而启发学生自主学习的潜能，促进大学生自主学习英语。

（二）加强教学资源建设

1.优化重组设备，充分利用已有的外语教学资源

图书馆是学生自主学习英语最重要的场所之一。学生若没有很好地利用学校已有的外语教学资源，便是教学资源的浪费。教学设备和资源利用率低，学校就会减少投资，从而形成外语资源建设的不良循环。所以目前，首要任务是把已有的外语教学资源维护好并加以充分利用。

2.充分合理利用网络资源，搭建英语自主学习平台

互联网的高速发展为高校学生自主学习英语带来丰富资源的同时，也迷乱了高校学生的视野。因此，教师应指导学生充分合理地利用网络资源，推荐一些适合学生英语水平的、实用的英语学习软件和英语学习网站，帮助学生更有效地利用网络资源进行自主学习。高校每间教室都应有多媒体设备和多功能实训设备，且这些硬件设备需要有网络支持，没有网络支持的硬件设施难以获得高校学生的青睐，也不符合当今高校流行的以网络媒体形态构建教学信息环境的要求。高校应整合学校的硬件设备，合理利用网络，把学校建设成以教学为

中心、以数字化为技术支撑、以多媒体为表现形式的新校园，让学校网络资源共享为学生自主学习搭建平台。在高校，不仅图书馆要有专门的无须认证的 Wi-Fi，教学楼、实训楼、食堂里也都要有免费的校园 Wi-Fi。

便捷而实用的英语网络资源和英语自主学习平台可以更好地帮助高校学生进行英语自主学习。

3.加强英语学习资源库的建设

丰富的学习资源是确保学生语言学习的前提。英语是一门外语，更需要丰富的外语教学资源的支持。目前高校英语教学资源较少且大都以教学为主，学生自主学习资源的建设不足。学校应通过网络将多媒体教室、图书馆、实训室、语言实验室等联为一体，发挥外语学科的优势，满足不同专业和不同层次英语学习者的需要，满足学生听、说、读、写有效自主学习的需要，形成一个真正共享的外语多媒体网络资源系统。所以，目前首先要加强英语自主学习资源库的建设。应依据学生的需求，收集英语教学资源，更新有关资料，加强教学资源库、习题库、电子图书馆等相关外语教学资源库的建设，及时增添有效资源。其次，教师引导和鼓励学生建立以学生为中心的自主学习资源库，引导学生在网络环境下自主探究学习，做自主学习资源库建设者的先锋。在高校，教师将课前自主学习的内容巧妙地设计成作业，然后在方法和内容上引导学生去选择、组织、运用网络信息，给学生提供自主查阅各种学习资源的机会，学生将自己查阅到的内容向全班同学展示或进行分组汇报，之后全班交流讨论，从而实现个性化的教学目标。这种教师指导下的自主学习不仅能开阔高校学生的视野，而且能鼓励学生消化所查到的资料，同时丰富和拓展学习资源的范围，自主学习资源库也就慢慢建立起来了。这种学生参与建设的自主学习资源库内容更接地气，也更能吸引学生自主学习。学生的兴趣提高了，设备资源的利用率也会随之提高。

第二章 大学英语技能与基础教学

第一节 大学英语词汇的教学

一、英语词汇教学艺术

（一）通过构词，了解词汇构成规则

1.转化法

有些单词，词形不变，词性却可由一种转化为另一种。如：empty adj.（空的），empty vt.（清空）；face n.（脸），face vt.（面对）。

以上这些词虽然词性发生了转化，但读音并未变化；另有一些词，虽然词形不变，读音却有变化（往往是清、浊音或重音位置有变化）。

2.派生法

有的单词加上前缀或后缀，便会形成一个新的单词，只要牢牢记住词根，再记住要加的前缀、后缀的意思，便记住了一个或多个新词。如：形容词 happy（幸福的）为词根，加前缀"un-"就构成其反义词 unhappy（不幸）；加后缀"-ly"，就是其副词形式 happily（幸福地）；加后缀"-ness"，就是其名词形式 happiness（幸福）。

3.合成法

两个或更多的简单词合在一起将组成一个较为复杂的合成词。这种复合单词的意思可根据构成它的几个简单词的意思推想出来，据此积累、整理出一些合成法则，对阅读、理解、翻译和记忆单词均大有裨益。例如：

名词+名词：class（班）+room（房间）→classroom（教室）。

形容词+名词+-ed：warm（温暖的）+heart（心脏）+-ed→warm-hearted（热心肠的）。

数词+名词+形容词：sixteen years old（16岁的）。

形容词+现在分词：good+looking→goodlooking（好看的）。

名词+过去分词：snow+covered→snow-covered（被雪覆盖的）。

（二）通过比较，掌握词汇规律

1.词义比较

同义词学习中的重难点。部分学生在学习同义词时尤其感到吃力，这时候使用比较的方法来辨析同义词是最便捷和高效的方法，找出同义词的异同点，再进行进一步的学习能帮助学生加强记忆。比如，学习 home 时，把 family、house 联系起来进行比较学习。

2.音、形、义比较

顾名思义，这种比较的方法是根据读音和拼写对单词进行分类学习。单词的音、形、义各不相同，教师在传授知识的过程中帮助学生把单词的相同或相似点进行分析比较，找出规律。这种科学合理的记忆方法更有助于学生记忆单词，从而强化学习效果。

（三）通过联想，加深理解与记忆

1.词缀联想

词缀联想法不仅能够快速、有效地帮助学生理解和记忆单词，还能使枯燥的学习过程变得有趣，如在学习词缀-merit 时，可以指导学生联想-ment 构成的词汇 enjoyment、management、argument、development 等。通过词缀联想，学生可以举一反三。这种联想记忆法不仅能提高学生理解新词的能力，还能边学习新词边温习旧知识。

2.对比联想

对比联想是指由某一事物的感知或回忆引起和它有相关特点的事物的回忆，并从中进行比较，找出它们的不同之处。英语中有丰富的反义词，可通过对比联想，掌握词汇的准确意义，形成多层次的词汇积累，提高词汇学习效果。如在学习 long 时，可以将 long—short、short—tall、high—low 做联想比较；可以将 above—below、over—under、on—off 这一组词进行类比。

3.关系联想

关系联想是由事物的多种联系形成的，通常又可分为种属联想、因果联想等。种属联想利用部分与整体的关系进行联想。因果联想是对一件事发生的原因或结果进行联想，如由 rain 联想到 umbrella，由 cold 联想到 coat 和 clothes，等等。关系联想的运用有利于使学生对词的类别有清楚的认识，以加深对词汇的记忆。

4.接近联想

人的心理机能活动具有一定的规律性，其中一方面就体现在人们对时间和空间上接近的事物会自然地展开联想，亦即接近联想。如：spring—grass—flower—tree，或 spring—lake—river—sea—water 等。在进行联想时，学生可以一边回忆单词，一边在脑海里勾勒相应的图画。这种方法能启发学生丰富的想象力，激发他们的学习兴趣，让学生学得轻松愉快，知识记得牢固。

（四）通过语境，明确词义

1.在语境中猜测词义

心理学研究表明：信息处理水平对记忆有很大的影响，对信息的加工程度越深，信息就越能持久地保存在记忆中，而根据语境猜测词义就是一种深度的信息处理过程。让学生在词汇学习过程中根据上下文猜测生词的含义，对训练学生的分析能力有着极其重要的作用。一般可根据文章或段落、句子中的同义词和反义词的对比，或定语词组、从句等不同的语义以及联想手段等猜测词义。

2.通过语境消除歧义

大量的英语单词都是一词多义，这些词处在不同的语境中就有不同的词性和词义。如果没有把单词放在特定的语境之中，只是单纯地学习词汇，就很难正确地理解词汇意义，很可能会产生歧义。教学中一定要注意将词汇置于特定的语境中，方能确定恰当的词义。

3.在语境中辨别汉英词汇差异

在不同的国家，因文化、风俗习惯、思维方式不同，其语言中的词汇所代表的概念也不尽一致。以汉语与英语比较，有时汉语一个词代表的概念包含了英语多个词所代表的不同概念。例如，汉语的"看"，英语有 look、see、watch、notice 等，它们在不同的语境中，有着不同的表达形式，如看电影 see a film 或 go to the cinema，看电视 watch TV，看书 read a book，汉语中的"看"对应英语中不同的单词。如果没有具体的语境，就无法选择词汇。

（五）音、形、类、义、境相结合

词汇教学应把音、形、类、义、境五个方面结合起来，忽视其中任何一个方面都可能导致偏差。词形不仅指单词基本字母的拼写形式，还包括语法变形的形式，像名词复数，形容词、副词的比较级和最高级，动词的-ing 形式和-ed 形式，等等，尤其要注意特殊的词形变化。除了充分利用单词的读音和拼写规律记单词，对单词的分类也要了然于心。还要知道单词的归类，有些英语单词只归属一类，但更多的是归属两类或两类以上，学习词汇时应记住每个单词的类属，以防止词类误用。单词的含义包括单词本身的意义及其衍生意义。越是常用词，衍生意义越多。在记忆单词时，首先要记住其基本意义，然后再逐步扩展。一个词在不同的使用场合往往有不同的特定含义，要理解一个词的确切含义，必须结合这个词运用的场合，切不可望文生义。

利用音、形、义、境相结合的方法进行词汇教学有利于对学生多种能力的培养。如音、形结合培养拼读、拼写能力，形、类结合培养判别词类和词义的能力，类、义结合培养记忆词汇搭配的能力，形、境结合培养正确运用词汇形式的能力，义、境结合培养准确理解与推断和辨析词义的能力，等等。所有这些方法都为培养学生初步运用英语进行交际的能力奠定了基础。教师除了注意教给学生运用音、形、类、义、境相结合学习词汇的方法，还要引导学生把这种结合变为自觉行为，并使之成为习惯。

如果对音、形、类、义、境相结合的词汇教学方法进行分析，可以知道"音、形、义"属词汇教学的基本方面，"类"属教学方法，"境"则属词汇教学的活动空间，或者说"境"涉及的是词汇教学的活动单位问题。词汇存在于语篇当中，语篇中的词汇教学有以词为单位的词汇教学和以句为单位的词汇教学等，从有利于包括正确使用词汇在内的语言交际来看，以句为单位的词汇教学更具实际意义。如前文所述，只有在句子中，单词的语义和用法才是确定的和显现的。段是比句大的单位，语篇的单位最大。语篇既是语义单位，也是完整的交流表意单位。因而，词汇在语篇中的用法和意义更具交际价值。据此，词、句、段、文都是词汇教学的活动单位，因而音、形、类、义、境相结合的词汇教学又可以说成是音、形、类、义与词、句、段、文相结合的词汇教学，这是一种立体的结合。在这种结合中，教师要创造性地运用多种教学方法，才能使词汇教学真正做到扎实有效。

二、英语词汇教学导入的作用和要求

（一）英语词汇教学导入的作用

1.集中学生的注意力

在教学过程中，如果教师能够运用巧妙的方法导入新课，无疑会营造一种新的氛围。这种氛围可以使学生的注意力很快集中起来，并迅速进入新课的情境之中。

2.营造良好的学习氛围

在英语课堂上，良好的课堂氛围很有必要。各种形式的课堂导入都相当于一个 warming-up exercise（准备活动练习），它有助于营造一种既轻松又热烈的课堂氛围。在这样的课堂氛围中，学生没有太多的拘束感，师生之间是和谐的，因而可以达到良好的教学效果。

3.激发学习兴趣，明确学习目标

兴趣是学习最好的教师，是学习动机中最现实、最活跃的成分。如果教师采取有效的课堂导入方式，在课堂一开始就能够激发学生的学习兴趣，唤起他们的学习积极性。在这种精神状态下，学生能够全神贯注、思维活跃，因而也就会有较高的学习效率。同时，在上课一开始的导入阶段就指出本堂课的要点和重点，也有助于学生明确教学活动的目标和任务。

4.激发认知需求，有利于以旧引新

在课堂导入时，教师用各种方法将学生置于新的环境中，无论是新的语言知识的呈现，还是某项语言技能的介绍，或是某种运用能力的期待，都会激起学生在原有认知结构的基础上对新认知的需求。

（二）英语词汇教学导入的要求

英语词汇教学导入的要求主要包括以下九点：

第一，用英语的声、像、图片和文字形式营造英语教学氛围。

第二，教学方式方法力求新奇、多变、引人入胜，避免刻板、单调。

第三，要迅速抑制与英语教学无关甚至有害的其他活动。

第四，尽量不使用母语。

第五，复习内容和形式针对性要强，照顾大多数学生。

第六，重在激发学生的求知欲，不要过多纠错。

第七，交际性强。

第八，时间适量。

第九，根据新的语言材料确定导入的内容和形式，使之能自然过渡到呈现阶段。

第二节 大学英语语法的教学

一、语法教学的肇始及演变

（一）语法翻译法

历史最悠久的外语教学法是语法翻译法。它指的是将语言看作一套可以通过课文和句子解析的与母语相联系的系统规则。这样看来，外语学习不再是指单纯的单词学习，而是学习规则、学习记忆和应用的过程。以语法为主线，教材的编写和教学活动都要按照语法的结构来安排。语法翻译法是以母语为基础，利用语言之间的相通性，多用演绎的方法教授语言知识，以语言材料的讲解为主要形式，学生学习英语实质上是"学习英语知识"，而不是"学习使用英语"。语法翻译法教学中所使用的教材一般是规范的、标准的和优美的文字材料，而且常常以文学材料为主，这样的材料缺乏与生活，尤其是与学生生活的关联，是"去生活化"的抽象语言。在课堂教学中，教师主导和控制教学过程，学生只是被动地接受知识，其练习方式往往是运用所学的语法对语言进行分析而不是运用。这种学习方法可以在短时期内提高学生对专业性较强、规范程度较高的材料的阅读能力，但对于日常生活中对目的语的理解和表达能力的提高则不太合适。

（二）直接教学法

直接教学法产生于19世纪中后期。直接教学法的目的很明确，就是培养学生直接用外语进行交际的能力。这样的教学方法最重视口语训练，要求学生在教学过程中尽量避免使用母语，要大胆地使用外语进行对话和学习。教师在直接教学法中的语法教学采用归纳方法，一般是教师给出例句，然后组织学生分析、归纳并使用规则。直观教学法不太重视语法规则，它主要通过模仿类似于母语学习的方法学习外语。这种学习方法其实是忽视了外语本身的特征，和母语无异的学习方法对学习外语没有益处。

（三）听说教学法

20世纪40年代，在美国兴起的听说教学法以结构主义语言学的语言习得理论和行为主义心理学为理论指导，把语言（包括外语）的学习看作习惯的养成过程，因而在教学中强调听、说领先，主张采用句型操练和记忆背诵对话的教学设计，排斥母语在教学中的作用。语法内容的教学主要采用直接讲解语法，然后进行操练的演绎模式。这种教学法的理论基础实际上是乔姆斯基的转换生成语言理论，它把语法看成普遍适用的规则系统，外语教学就是理解规则并通过操练来强化直至形成习惯的过程，这种教学设计在中小学英语教学中的影响极为广泛。

（四）自然教学法和交际教学法

1.自然教学法

兴起于20世纪70年代的自然教学法，以著名语言学家克拉申的第二语言习得理论为依据，把学生的交际能力作为语言教学的首要目标，教学过程以有意义教学为主，强调语言输入的有趣、可理解性，注重营造和谐、轻松的课堂教学氛围，以降低学生在学习过程中的焦虑，提升学生在语言学习中的自信心和兴趣。在教学内容和过程的设计上，自然教学法把语言功能、话题、情境和学生的需求联系起来，旨在让学生以学习母语的方式来学习外语。自然教学法本身没有独特的教学设计，它借用其他教学流派中常用的教学设计来实现自己的教学理念，比如直接教学法中的TPR（total physical response）、交际教学法中的信息差、小组活动设计学习任务等。自然教学法主要以外语环境下的初学者为主要对象，可以发现，在当下的英语课堂教学中，其大部分设计思想依然能够得到广泛应用。

2.交际教学法

交际教学法与自然教学法有相通和相同之处，在语法教学中，它们都强调融入交际活动的因素，即在交际的过程中学习语法，其语言的展示手段比过去更加丰富，但语法结构的地位也在教学过程中淡化。自然教学法和交际教学法中的语法教学手段比其他教学流派中的更加丰富，在课堂教学中对语法规则的教学以归纳方法为主，注重学生对语法规则的发现、总结和体验，先归纳后演绎，或者把演绎方法渗透到教学过程之中。与自然教学法相比，交际教学法除了强调语言表达的流畅性，更注重文化因素在语言学习过程中的重要地位，重视地道、得体地使用目的语。

从以上简单的回顾中，我们可以清晰地看到语法教学在外语教学中发生变化的三个主要特征：

第一，从语法教学在外语课堂教学中的地位来讲，它显示的是一个由中心到边缘的发展趋势。

第二，从教学手段和方法来看，它是一个不断丰富、灵活和多样化的过程。

第三，语法教学地位的变化和教学观念的改变取决于人们对语言的性质、特征、功能认识的不断深化，也取决于心理学对儿童认知规律的揭示和社会生活的实际需要。

语法教学法给教师的启示是：要决定语法教学在教师日常教学中的作用、地位、方法、策略和具体措施，教师必须在当代英语教学理论的基本框架之下，具体分析不同年龄、年级段英语教学的目标和要求，学生的认知水平和习惯，环境为学生的英语学习所提供的条件，学生的实际需求和教学的目标任务等因素，并且以学生的实际水平和需要为出发点，以学生在学习过程中的主动参与为主要指标，在教学过程中恰当选择、组合、创造性地运用一般的英语教学理论，寻找一般理论与特殊现实之间动态的结合点。

二、现代语法教学新理念

（一）语法是语言交际的重要组成部分

对于学习外语的人而言，从尽可能少的原则推出可以验证的普遍语言现象是一种很自然的需求，而语法教学大体上可以帮助学生实现这样的梦想。因此，一直以来我国语法教学在外语教学中都占有一席之地。对于学生来说，语法是运用所学语言进行交际活动。在交际教学法中，交际能力的培养也包含了运用合乎句子表达意义和语义功能的语法。那么，如何看待语法和语法教学呢？语法在外语教学中应当发挥什么作用呢？这与人们对语法本质认识的不同有关。

语法教学在当代受到过很多批判，批判者认为语法学习并不能帮助学生获得一定的语言能力。其实，交际教学法的主张者韩礼德和海姆斯也并不完全排斥语法，他们认为语法能力也是交际能力的一部分。威多逊也强调语法教学是提高交际能力所需要的，或者语法教学并不影响学生的交际能力，原因在于语法教学必要性的大小是与语言环境密切相关的。

（二）语法是规范、准确和逻辑表达英语的基础

在很多人的潜意识里，一谈到语法教学似乎就回归到了传统英语教学的思路，似乎语法教学就等于语法翻译教学法，这是广大教师对谈论语法教学心存畏惧的原因之一。这一认识与教师在教育教学领域中以"中国式"的批判作为引进新观点基础的习惯行为和思维方式相关联。所谓"中国式"的批判即全面推翻旧的理论和观念，似乎旧的理论和观念全部推倒之后新的理论和观念才能稳定地树立起来，但在批判的过程中往往只注重抛弃而不注重对旧理论中合理因素的保留。其实，作为语言教学，语法教学是不可或缺的，以语法教学代替语言教学固然是错误的，但视语法教学为危途同样也不可取。在日常的英语教学中，教师所面对的问题不是应不应该进行语法教学，而是如何把握语法教学的度。学习英语的目的是交流，但绝不止于交流。从长远来看，学习英语的一

个重要目的还在于了解世界上政治、经济、科技、文化等方面的发展和进步，向世界介绍中国在这些方面的发展，"让世界了解中国，让中国融入世界"，要达到这样的目标，教师所掌握的语言必须规范、准确，具备逻辑和条理，使我们所学到的英语既能在日常生活中应用自如，又能在政治、经济、学术等领域升堂入室。要在非英语语言环境中达到这样的教学目标，借助适当的语法教学手段往往是一条便捷、高效的途径。

尽管我们可以从语言中解析出一套在一个时期内相对比较稳定、确定的语法结构系统，但事实上，语法不是抽象的结构形式，也不是能够脱离语音、词汇而独立存在的知识系统，它必须结合具体的词汇和语音来体现自己的存在，因此可以说，语法是形式结构、意义和功能三者的紧密结合体。现代外语教学法专家拉森·弗里曼提出，不应该把语法视为静止的规则，而应把它当成一种与听、说、读、写并行的技能。为此，她造了一个词 grammaring，用来指称"准确、有意义而且得体地使用语法结构的能力"。她的看法与自然教学法以及交际教学法中对语法教学的理论认识和实践要求相吻合。既然语法不是一套静态的关于语言规则的知识，它就不是可以由教师直接教给学生的。语法教学必须与语言所表达的意义以及语言的运用情境结合起来进行，即语法教学体现的是在语言的运用当中体悟、理解、总结、掌握的过程。

总之，在外语教学中，语法教学是必需的，也是语言学习的有机组成部分。语法教学并非纯粹的知识传授，而要融合于语音、词汇、语段和篇章的教学过程之中，体现在情境、交流、对话、活动之内，这是当代外语教学法理论所提倡的外语语法教学的一般原则。

三、英语语法教学的基本原则

（一）在发现与归纳过程中思考语法特点

在目前国内使用的功能型教学大纲指导下的教材中，语法现象的呈现不系统，一般都渗透和分布在每个单元之中，单从语法的角度看，它们往往是零碎的、断裂的，不利于学生把握语法结构的内在关联。为此，教师在教学过程中必须要有意识地帮助学生梳理和整合语法。语法梳理主要体现为同一册教材中语法现象出现的先后顺序，梳理过程中教师首先要考虑已出现的语法与先前已经学过的语法现象是否有关系，先前学习的内容会对后面的新内容起促进还是阻碍作用，学生对已有知识的掌握程度如何，他们在学习新的语法现象时，哪些地方可能会混淆，以及新语法现象如何为后面将要呈现的语言现象进行铺垫等。这是语法内部的逻辑结构，也是语法教学中学科层面的基本要求。

（二）在意义化的运用中初步理解和掌握语言

教师在厘清语法知识内部的结构关系之后，需要考虑学生的生活经验、知识积累与教材主题之间的关系。在制订教学计划时，要尽量考虑教学材料与学生生活、经验、能力、兴趣、发展需求之间的结合点，用适当的大主题统领整个课堂教学，尽可能做到教学材料生活化、情境化、结构化，体现语法教学对学生积极思维的调动和利用，使语法教学实现形式与意义的统一。

教师教授一种语言涉及以下两个关键特征：

第一，学生必须以某种有意义的方式来经历语言学习过程。

第二，学生必须使用语言及相应技能，并在出错后予以纠正。

这是语言学习的关键，而直接传递式地教授有关语言的知识对二者都没有贡献。当然，这并不是说教师不应该教授有关语言的知识，而是说不能用教语言知识代替教语言技能。同样，语法教学不是纯知识的教学，它必须和情境、意义、生活体验结合起来进行。语法教学应该在关注语言所能完成的交际任务的同时，使学生理解不同的语言单位在语言结构中的功能和意义。从教学内容来说，教师应该尽量满足学生的学习需要。根据学生的需要和实际能力，在现有的教学条件和资料允许的范围内，在教学中向他们提出学习要求。从语言功能的角度来看，这些要求要适合学生的学习需要，并和他们有一定的意义关联，或者有一定的用途，不然学生就很难产生学习的动力。

（三）在综合运用中灵活掌握语言

教师在教学中需要运用适应各种需要的教学设计，而不是局限于一种方法，或者试图寻找一种最好的方法。一般来说，方法无所谓优劣，关键要看它运用的具体场景。在英语语法教学中，只要教师所选择的方法有利于激活学生的思维，有利于使学生主动参与课堂教学，有利于发展学生的语言学习能力，它对具体的学生和课堂来说就是最适宜的。除此之外，学生学习的最佳环境是以学生为中心，教师和学生共同来创造教学结构的环境。另外，无论在教学内容上，还是在教学设计上，语法教学都不能只注重自身这一个层次，而是要把语法教学融入听、说、读、写的教学过程中，它们才是语法教学的真正载体。同时，语法教学也应该尽量使用具有整体背景的语篇或语段，让学生有可能在一个相对来说互相之间存在联系的语境中理解语法现象的真实内涵，避免孤立地拿典型的句子做语法分析。以典型的句子作为语法分析的材料，其优点是简单、清晰、高效，学生容易理解和掌握；其缺点在于简单，难以适应复杂、综合的现实需求。

四、英语语法教学的类型与教学实践

（一）语法新授课：间接语法课与直接语法课

在英语课堂教学中，语法课可以分为语法新授课和语法复习课。语法新授课又可以分为两类：第一类是渗透于听、说、读、写课的教学过程，以隐性特征进行的间接语法教学，它以语言能力培养为主，以语法教学为辅。严格来说，这种类型的课不能叫作语法课，但它又是英语课堂教学中常常采用的语法教学形式，故而也应该是语法教学研究的内容。第二类是以语法教学为主，其他能力培养为辅的直接语法教学，也是语法教学研究中受到较多关注的课型。

在间接语法教学中，语法教学的任务实际上存在于教师的教学设计中，学生对语法现象的学习是在教师有意识地引导下无意识地进行的，其教学方式大多是教师通过创设系列具体、场景特征明显的情境，或者为学生提供特征一致但形式多样的活动和视觉载体，在学生参与各种活动的过程中，关注学生的语言模仿和语法建构，以隐性的语法主线来统领课堂教学。

如果一个语法现象已经多次出现，学生对它已经有所了解，但并不清楚它确切的内涵和应用条件，这时就有必要实施直接语法教学。换句话说，相同的教材对于不同的年级和学生来说，是否可以进行专门的语法教学，要依据学生对这种语法现象的感知程度，依据学生对该语法现象的理解和掌握是否到了需要点拨、启发和清晰化的阶段。由于在现行英语教材中，内容的安排是以功能为主要线索的，语法内容渗透于教材之中，一般遵循先感知、后认知的编排方式，所以英语教师用"不尴不尬"来形容语法教学。"不尴不尬"形象地描述了语法教学内容与学生之间的关系：一方面，需要教学的语法现象已经多次出现，部分学生能够比较正确地将其运用于具体的语言环境之中，掌握得比较好的学生能够准确地把握其特征和规则；另一方面，尽管大部分学生能够很流利地进行口头运用，但他们在准确性方面存在问题，即他们并没有真正地理解其内涵及用法。这一现象给以语法教学为主的课堂造成一定的不利因素，它使部分学生觉得单调乏味，缺乏挑战性。不过，它也给语法教学提供了可资利用的资源，教师可以充分发挥学生的主动性，调动他们的已有信息，启发他们的思维，让学生从已掌握的信息中发现、归纳语法规则，并适当地加以拓展，使他们的语法知识更加全面、完整，满足其求新的愿望。学生的差异性也是语法新授课上的可用资源，当课堂教学中出现比较难解决的问题时，可以组织小组活动或讨论，让学生互帮互学，在合作学习的过程中锻炼学习能力。与渗透性的语法教学课相比，以语法教学为主的课堂更强调语言规律的清晰性、准确性，强调语言的规范性。在语法课上，语言场景的设置既要体现抽象语法与具象素材的统一，又要体现学生生活与教材内容的统一。

（二）语法复习课：单元复习、阶段复习和学期各类专项复习

语法复习课一般以专题形式进行，从时间的维度讲，可以分为单元复习、阶段复习和学期各类专项复习。

单元复习的重点一般是比较单一的，复习的目的在于巩固和运用新语法。目前英语教学的方法是采用课内与课外相结合的方式，即学生首先在课外自主复习，梳理单元所涉及的主要语法重点与难点，然后在课内进行集中交流，在讨论过程中进一步深化和提升对新语法的认识。

阶段复习和学期各类专项复习中的语法课，则多以综合性的语法比较为主，在某种程度上可以说，语法复习课以归纳、总结、比较、对比为主，其目的是，在相对系统的整体中理解语法现象，发现不同语法现象的共同点和差异，追求融会贯通的教学目标，为适当、准确和灵活地运用语言提供条件。其中，归纳和总结是以培养学生的自主复习能力为主，在进行课堂教学之前，教师需要指导学生预先整理相应的语法规则及应用条件等内容，比如应该关注的时间、状态、结构、语用等问题，以便在课堂上能够及时发现和掌握学生对语法理解的程度和偏差，并及时纠正。对比和比较是以提高学生在具体语言环境中的综合运用语法为目的，它既包括英语内部不同语法现象之间的比较，也包括英语和汉语语法之间的比较，一般以英语内部不同语法现象之间的比较为主。

此外，需要注意以下两点：

一方面，重复不等于复习，练习更不等于复习。语法复习要体现对语法现象的梳理、归类、提升和适当拓展，如果仅仅重复以前讲过的语法规则，或者通过做大量练习题来强化，那么语法复习课就很难获得较好的效果，这样不但会浪费有限的课堂教学时间，而且会降低学生对语言的学习兴趣，从而不利于学生形成良好的学习习惯和总结、比较、反思的思维品质，容易让条理化的语法学习成为无条理的一团乱麻。

另一方面，语法课要不要作为专题讲解，以什么形式和方法为主导上语法课，不能拘泥于教材，选择什么样的语法教学材料和练习内容，关键是学生的学习状态。以语法教学为主的课堂教学时间安排应体现出灵活性，可以独立于

单元教学之外，在必要的时候以自选与教材结合的方式进行。在日常外语教学中，语法教学应更多地以渗透的方式进行，化整为零，分解难点，把抽象、枯燥的语法规则融于有趣、生动的语言应用中，让学生学得丰富、扎实、有条理。

第三节 大学英语听力技能与口语技能的教学

一、听力技能的教学

（一）听力理解过程

听力理解是学生积极进行意义建构的过程，这个过程建立在诸多因素的基础之上，包括听的目的、对听觉和相关视觉输入的注意，以及实时进行的自动加工、必要的推理和判断，最后达到理解，实现有意义的交流。听力理解是一个极其复杂的过程，它涉及语言、认知、文化、社会知识等各种因素。听力过程的隐性特质使得对听力理解过程的研究比较难以进行，特别是很难构建出理论模型。听力理解过程非常复杂，它会受到源于学生本身的内部因素的干扰，也会受到说者、文本、语境等外部因素的影响。而且，"听力"是一个隐性的知觉过程，教师不易观察到听者头脑中所进行的加工，常常只能借助学生对听力练习的完成情况推测其听力水平，然而学生看似正确的反应也并不足以证明其真正理解。

在听力理解过程中，人们对语言信息的加工处理有以下三种模式：自下而上模式、自上而下模式和交互模式。自下而上模式又称文本驱动或材料驱动模式，该模式认为，听力就是一个语音解码的过程。学生利用语音、词汇等语言知识以及对语言因素的分析来进行听力理解，即从语音、单词、句子到整个语篇的意义，强调语言知识是正确理解的基础。自上而下模式也叫图式驱动模式，该模式认为，听力不只是语音解码，还是一个预测、检验和证实的过程。在这一过程中，学生利用非语言手段，如文化知识、语用知识、社会知识、策略知识，以及与听力材料相关的话题知识、与说话人和场景相关的知识，对听力材料进行预测、分析和处理，从而达到对所听信息的理解。然而这两种模式极少独立地用于信息加工，它们总是平行起作用的，于是就有了第三种加工模式——交互模式。交互模式把听力理解过程看作大脑长时记忆中的图式知识与听力材料相互作用的动态过程，即学生对听力材料的理解不仅要运用语言知识，还要主动借助大脑中的相关背景知识，对所听到的语言材料进行信息的加工处理，进而理解听力材料中的意义和内涵。成功的听力理解过程是自下而上和自上而下两种加工模式共同作用的结果，不过，学生在具体的情境中采用何种加工模式通常取决于听的目的、学生语言水平、听力事件发生的具体情境等多种因素。如果需要确认具体的细节信息，学生会更多地依赖自下而上的处理模式，如天气预报、航班信息等。

  在感知处理阶段，学生利用工作记忆，对听到的声音信号进行分析，并试图从语流中切分出音素，以便有更透彻的理解。这一语音解码阶段主要采用自下而上的信息加工模式。学生在这一阶段遇到的困难有不能识别单词、不能切分语流、注意力难以集中等。语流切分是外语听力学习者所面临的巨大挑战，在阅读材料中，单词之间有空格隔开；而在听到的语言中，相邻单词的界限往往难以区分，学生必须利用自己的语音知识将听到的语流切分成有意义的单位，然后才能准确地获取意义。因此，学生需要掌握足够的语音知识，并能对常见的语音现象（省音、同化等）做出辨析，才能对连续不断的语流进行正确的切分。

  在解析加工阶段，听者试图切分单词，并与长时记忆中的单词进行比对，做出选择，建构意义。意义是切分单词的主要依据，随着语言能力的提高，学习越来越熟练地激活候选词群。就功能词和实义词而言，听者更易辨别出实义词。实义词是承载语流核心意义的重要词汇，能迅速激活听者大脑中相关的知识储备。在多数情况下，语流中的实义词以重音节开始，实义词的重音节拍既是单词界限的标志，也是语流切分的重要提示特征。学生在这一阶段遇到的困难有听过即忘、无法将听到的词在头脑中建构词义、未识别部分导致无法理解后续部分等，因此，要熟悉英语的节奏特点，捕捉语流切分的提示性特征，将语流切分成或独立或相互联系的若干语言信息单位。

在资源利用阶段，学生主要采用自上而下的信息加工模式，利用长时记忆中的信息资源来诠释意义。此阶段的听力理解类似于解决问题的活动，学生利用他们的世界知识和语言知识来达到这样一个目的：理解说话者的意图。学生在这一阶段遇到的困难有理解单词但不理解其所传递的信息，或者混淆意义、模棱两可。

这些瞬间发生的听辨信息处理过程包含两方面：一方面，认知流利度，即学生能否快速将语言信息与意义联系起来；另一方面，注意控制，即对线性展开的语言信息进行实时的聚焦。正确的听力理解依赖于学生对这两个方面进行有效的协调。母语者的听力理解过程是自动化的，基本上无须对一个个单词有意识地进行注意，而学习外语的学生受制于有限的语言知识，不能对所有听到的信息进行自动处理。基于不同的语言水平，学生可能需要有意识地关注部分输入信息，或者学会选择性地关注关键信息（如实义词）。如果时间允许的话，学生不能够即时处理并与长时记忆中的知识相匹配的信息都会转入受控制的加工（与自动加工相对）。受控制的加工需要学生分配更多的时间和注意力，然而有限的工作记忆容量和源源不断输入的新信息会导致听力理解出现问题，使学生无法理解所听内容，或者只能采取补偿策略、利用上下文信息或任何可借助的资源等猜测无法听懂的部分。

听力理解是一个复杂的认知过程，研究者提出了不同的模型对其加以解释，他们在以下三点上是一致的：第一，只有当学生的注意力集中在输入材料上时，才有可能对信息进行加工，这个信息加工的过程包括一定数量的解码活动和对信号的分析活动；第二，新信息的加工基于从长时记忆中提取的已有知识和图式；第三，成功加工听力信息的能力取决于对所听语言信息的加工速度。

由此可见，听力理解并不是简单地单向输入和被动地接收信息的过程，也不只是对语言表层信息的识别，而是新信息与听者原有的知识经验或背景知识双向作用的过程。学生要在学习听力的过程中积极地建构意义，以达到理解与交流的目的。

（二）听力理解的影响因素

听力理解的影响因素包括以下四个方面：

第一，与说者有关，包括参与者人数、语速快慢、谈话内容中重叠信息的多少、是否使用方言等。

第二，与文本内容有关，包括语言因素、文本的篇章结构、所涉及的背景知识等。

第三，与听者有关，包括动机强烈程度和要求回答的信息涵盖量等。

第四，与听力辅助手段有关，指是否为听者提供帮助理解的视频材料或印刷材料。

人们对听力理解影响因素的研究主要集中在两个方面：一方面是与听力任务有关的因素，另一方面是与听者有关的因素。

其中，以对听力任务中听力材料的语言复杂度的研究最为广泛。语言复杂度取决于听力材料在语音、词汇、句法和语篇上的特征。就语音而言，缩略形式会增加语音复杂度。就词汇而言，词汇难度（低频词和短语的比例）、词汇多样性、词汇密度（实词所占比例）、实词的抽象性/具象性等因素都会影响词汇复杂度。就句法而言，从句、否定式会对语言复杂度产生影响。就语篇而言，衔接与连贯手段、语篇结构等变量会影响语言复杂度。

（三）听力教学策略

听力理解是指运用英语语言知识以及一般生活常识去理解英语语言中有意义的语音，并做出回应，是学生积极运用策略建构意义的过程。尽管在听力过程中不易被觉察，教师不能对学生的心理加工过程进行干预，但可以通过设计任务和活动帮助学生通过自我调节加工过程提高自身的听力能力。如让学生了解听力任务的性质和要求有助于提高听力理解。

如听力教学模式将听力教学分为五个环节：

（1）计划/预测环节。

（2）第一遍听和验证环节。

（3）第二遍听和验证环节。

（4）第三遍听和验证环节。

（5）反思环节。

每一个教学环节中都融入了某些元认知策略，使学生在听力学习的过程中潜移默化地习得元认知策略能力。该教学模式的有效性在实践中也得到了进一步的证实。

（四）听力材料的选择

随着交际语言教学的发展，英语教学越来越重视学生语言使用能力的培养，真实语言材料被广泛应用于语言教学之中。与为教学而录制的听力材料相比，真实的听力材料具有以下特点：

第一，包含省略、迟疑、重复、补充等口语特征。

第二，语速较快且节奏多变。

第三，包含各种地方口音。

第四，有插话或几个人同时讲话的现象。

第五，有环境噪声。

教师在选择听力材料时，有必要考虑上述因素，为学生提供更真实的练习听力的机会。在交际中，由于说话参与者的目的、情境、人数等变量的不同，所呈现的语段也具有不同的特征。

二、口语技能的教学

（一）口语的语言特征

口语的语言特征表现在三个层面：语音、语法词汇和语篇。口语词汇和书面语词汇有着明显的区别，口语表达呈现词块化特征。口语在语法结构方面的特征主要表现为句子短、插入语多、结构较松散；片段一般会有大量的补充和自我更正；语篇多使用并列结构，如使用连词 as、and、or、but。书面语篇则多使用从属结构。

口语常常发生在交谈者面对面的情境中，这种"现场性"情境意味着双向性和时间压力。"双向性"情境反映了说话双方的话语权，说者要考虑听者的知识背景、兴趣和期望，同时也要表达理解和参与以保证听者行使自己的话语权，这样交流才能得以继续。同时也意味着对话双方共享话语情景，说话时使用的语调等都是对实际说出的话语的一种补充，因此口语中人们常使用省略结构，并较多地使用代词。"时间压力"情境则表现为说者没有太多的时间去计划所要说的话语，同时作为听者，也要给对方一定的时间去组织话语。

口语发生的"双向性"和"时间压力"情境使其具有片段性和参与性的特征。片段性如停顿、自我纠正、说错话、重述等具有类似书面语中的编辑特征。因为口语中的时间压力使得说话者没有时间进行充分的准备，这些"编辑"的过程表现在口语中就呈现为"片段"。如以下几种情形：为赢得思考的时间，说话者采用一些并列结构或词块化的从属结构短语。口语中常常使用重复来应对时间压力，也给听者时间来理解意义。对话双方也常常使用一些补白词（如说话者用 well、hmm、um 等替代沉默以组织话语，听话者用 oh、yeah、I see 等附和说话者以促使说话者继续说下去）。在书面语中，这些编辑的特征几乎总是隐含的，片段被进行了加工处理。话语更加精练，句子结构更为复杂。而口语篇章的形成是说话人在讲话过程中完成的，因此口语语料中的编辑特征是显性的，片段依然是片段。

语言的使用取决于语境。在正式场合，如讲座和演讲，说话者使用的是最为正式的口语，与书面语十分接近。而电子邮件、论坛公告等非正式的书面语，往往表现出口语的特征。然而在大部分场合，人们不能随意选择使用哪一种方式来表达，语言必须适合情景，这是语言使用的基本规律。教师的口语教学往往侧重于语言结构的分析和操练，而没有对口语和书面语的不同特点给予足够重视，学生常常会发生一些语体上的错误，如在写作时使用过于口语化的语言。当然，正确区分口语和书面语的差异，对英语学生来说是相当有难度的。鉴于这点，教师在口语的授课时应该着重讲清楚口语与书面语的区别，要逐步引导学生掌握口语技能，并且能够就不同场合、不同对象分别表达清楚自己的意思。

（二）口语表达的影响因素

从社会文化环境来看，英语是一门外语，学生在课堂以外使用英语的机会很少。在中国，传统的英语教学往往更加看重语法的学习以及笔试能力，口语能力却经常被忽视。这样一来，造成了大多数学生尽管较好地掌握了英语知识，却不敢轻易进行口语表达。学生在校期间（大学期间）由于资源有限，学校一般较少开设英语口语课。

影响学生口语表达的情感因素主要有焦虑、动机、自信心、性格等。学生在进行口语表达的时候往往有三类焦虑影响：第一，学生在口语表达的时候经常改变节奏，或是被频繁打断、出现停顿；第二，学生短时处理语言的能力及记忆输出等不足，导致口语表达的时候经常出现尴尬、难堪的场面；第三，学生在学习过程中产生了抑郁感，这种感觉迫使学生在口语表达的时候往往选择回避，甚至放弃了一些表达的机会。

学习动机对学生的英语口语能力的发展起着至关重要的作用。但是，学生缺乏与目标语者进行交流的机会，加之大多数的英语考试最终都是通过笔试、听力来实现评价，口语并未被设置为考试中的一项，因此学生自然对口语也就不太重视，他们往往认为口语是可有可无的，因而他们学习口语的动机和积极性较差。

自信心是学习主体对自我价值和能力的主观评价和意识。如果学生具备一定的自信，他就会感到在学习中犯错是很正常的表现，并不能说明自己愚钝。在学习中，他们往往不惧怕犯错，在口语学习中更愿意抓住一切机会表现。如此一来，说得越多，他们对语言掌握的熟练度越高，如此一来，他们更加敢于实践，因而形成了一种良性循环。反之，如果学生缺乏自信，那么他们就很害怕在其他人面前展示自己的弱项，回避各种口语练习机会，如此则形成了一种恶性循环，最终影响口语表达能力的提高。

关于性格因素和英语语言能力关系的研究，大多数只是针对学生的内向或者外向性格进行探讨。人们大多认为外向有助于学习英语，主要是由于外向的人更加乐意与人交往，因此他们就会获得更多练习口语的机会。然而研究结果表明，学生性格外向与否与他们的语言能力的高低没有显著的相关性。

（三）口语纠错

口语纠错可分为在线纠错和离线纠错。在线纠错指在表达过程中纠正错误，其中有些是随错随改，有些纠错会等待说话者一句话或一段话说完之后再进行纠错反馈。离线纠错指在完成某项交际任务后，学习者边听自己讲话的录音边检查，边改错。口语纠错还可分为提供输入型和输出诱发型。在提供输入型纠错中，教师直接为学习者提供正确的形式；在输出诱发型纠错中，教师试图启发学生自己说出正确的形式。口语纠错可以是隐性的，也可以是显性的。在隐性纠错中，教师只是针对学生的错误要求澄清信息；在显性纠错中，教师直接纠正学生的错误，有时也给出元语言解释。一种常见的纠错方式是重铸式纠错，重铸式纠错是指在保持中心意思不变的同时，通过改变一个或多个句子成分（主语、谓语动词或宾语）对学生语言所做的重新表述。这种纠错方式在互动过程中保持以意义为中心，不打断会话的连续性，并且能有效地提高学生对正确语言形式的意识。

学习中的纠错行为可以通过个人、同学、教师来完成。但是在英语教学中，这种行为主要由谁来完成还没有达成一种共识。有的人主张个人或者同学间完成，这是由于如果由教师来主导纠错，易对学生的自尊造成一定伤害。但是，也有人反对这种意见，他们认为同伴或者个人的纠错往往不会很准确，这是水平层次不高造成的。在"以学生为中心"的人本主义教育思想的指导下，一旦学生不能及时准确地自行纠正错误，学生就会向教师建议要更多自行纠正的机会，请同伴来帮助纠错。输出诱发型纠错方式将纠错的责任交给学生本人，教师通过显性的或隐性的、语言的或非语言的手段指出错误，启发学生自行纠正。这种方式与学生的学习水平有着紧密的关系，初学者修正词汇、语法等低级问题，然而，具有一定学习经验的学生更多的是纠正内容错误。自我纠正的方式也存在一些问题。首先，学生通常更愿意由教师来为他们纠错；更重要的是，只有当学生具备必要的语言知识时，才能纠正自己的错误，此时教师纠错就成为学习新语言形式的必备条件。其次，输出诱发型纠错方式只能让学生意识到自己的错误，并没有指明所犯错误是语言方面的，还是交际方面的。因此，尽管自我纠错方式备受推崇，但并非在任何情况下都能实现。还有一种做法是同伴纠错，给学生提供纠正同伴口语错误的机会，这种纠错方式更多地应用在写作反馈中。

（四）口语教学方法

英语教学应该实现以下四个方面的平衡：聚集于意义的输入活动、聚集于意义的输出活动、聚集于语言形式的学习活动和流利性发展活动。因此，英语口语教学应从以下四方面展开：

第一，准备许多有意义的输入活动（如通过"听"和"读"来学习"说"）。

第二，提供足够的机会进行有意义的输出活动（即通过"说"来学习"说"）。

第三，设计聚集于语言形式的活动：学习语音、词汇、短语、语篇以及错误反馈等。

第四，进行口语流利性训练。

英语教学的一个主要目的就是让学生的口语表达更加流利。为了实现这个目标，常用的方法有重复练习法。通过重复练习，学生能够将已掌握的技能变成一种习惯。重复练习能够促进知识的程序化和语言提取的自动化，从而增进口语表达的流利性。重复练习有不同的组织形式，如"金字塔程序"，学生先单独准备一个话题，然后讲给同伴听，再讲给小组成员听，最后讲给全班听。

近年来，语块在学生英语口语产出中的作用也引起了广泛关注，流利性研究已经把语块分析纳入其中。话语流利产出的一个重要前提就是语言知识提取的自动化或语言知识的程序化。一旦较大信息量的语块为学生所掌握，他们就能在运用的时候随意调用，能够快速提取语句并组合，减轻大脑在口语表达时的负担，使停顿时间变短且频率降低，从而大大增强语言产出的流利性。鉴于语块知识在口语流利性发展中的重要作用，研究者对语块教学的兴趣与日俱增。语块教学能够帮助学生较快地掌握语块构成法则，促进独立分析语法的进程。

三、双语授课学生英语听力课堂焦虑实证研究

以内蒙古农业大学双语授课学生为调查样本，利用改编版的 FLCAS 调查问卷对学生的听力课堂焦虑状况进行测度，结合其听力成绩，使用 SPSS 软件，从性别差异等外在因素角度，对两个变量间的相关性进行了系列统计分析。实验结果表明，两者间呈现显著的负向关系，并结合研究结论，为更好地解决学生焦虑因素，提升听力成绩提出了相关对策建议。

根据第二语言习得理论，影响学生学习效果存在众多个体差异因素，其中情感变量是重要因素之一。心理学对情感变量研究统筹于焦虑、动机以及情绪等。其中焦虑是心理内部对客观环境变化做出的应激反应，会对结果产生积极的或消极的影响。在大学英语教学中，作为重要情境因素的焦虑变量，如何克服它并提高学生的英语听力水平，是当前国内外外语教学领域关注的重点之一。

（一）双语授课学生英语听力课堂焦虑实证研究方法

1.研究对象

双语授课学生英语听力课堂焦虑实证研究的被调查对象为内蒙古农业大学100名双语项目的学生，他们的高考英语成绩均在90分以上，具备一定的英语基础水平。其大学第一年和大学第二年的基础英语教学课程包括综合英语课程和英语视听课程。英语视听课的授课形式为小班授课。受试对象均为大学一年级的学生，其中男生58人，女生33人，平均年龄为20岁，学生所涉及的专业包括车辆工程、动物科学、动物医学以及水利工程专业。

2.研究问题

基于当前高校学生英语听力基础薄弱以及听力教学效果不太理想的普遍情况，双语授课学生英语听力课堂焦虑实证研究旨在通过调查实验来了解阻碍内蒙古地区高校中双语授课学生英语听力提高的主要问题，分析当前高校学生听力焦虑因子与听力成绩之间的相关性，测度性别因素对学生听力状况的影响。从科学的角度为提升高校学生的整体听力水平提供有效的参考建议，为减轻学生的焦虑因素，实现学生快乐学习、轻松学习提供一定的帮助。实验具体有以下三个研究问题：

第一，双语学生的普遍听力中焦虑状况的调查结果。

第二，研究对象的焦虑状况与其听力成绩的相关性分析。

第三，性别因素对焦虑状况及成绩的影响分析。

3.研究步骤

首先通过改编版的听力课堂焦虑量表，对所调查样本的焦虑状况进行了解并利用统计工具进行量化处理。结合研究目的，对处理后的数据进行相关分析，并对第三因素即性别所造成的两者之间的相关性进行综合分析判断。根据所做的分析，结合结论提出相适应的参考建议。

4.研究工具

该研究采用的听力课堂调查问卷是 FLCAS（Foreign Language Classroom

Anxiety Scale）五级量表，共有 33 个问题。该问卷是从心理学的角度出发，结合交际畏惧、考试焦虑以及负评价焦虑三个方面提出的外语焦虑构想，在一定程度上，将焦虑这一情景因素实现了量化的研究目的。

根据这个量表，研究者进行了适当改编，为了贴近实际，使得问卷可以简明扼要地反映出问题，在对部分非英语专业学生或教师走访的基础上，延伸得到听力课堂焦虑表。问卷设计题目容量为 20，包括听力学习过程中的方法、心态、认知，以及对听力发音、语速的反应，听力教学的相关评价等多个方面。问卷采用五级打分制，1~5 分别表示完全反对、反对、中立、同意、非常同意。被调查对象结合自身实际选择与问卷相符的选项，其中焦虑程度与得分多少成正比。

通过在听力课堂分发问卷的形式来获取相关焦虑因素的数据；收集 100 名被调查学生的阶段性英语听力测试成绩。英语听力成绩总分为 40 分，包括两部分：第一部分为选择题，包括短文选择和新闻选择题；第二部分为判断正误题。最后借助 SPSS 统计工具对学生成绩相关结果进行分析。

（二）教学启示与建议

从实验结果可以看出，针对内蒙古地区高校学生听力状况而言，被调查对象的焦虑状态整体属于较高水平，通过统计软件分析后所得到的结果反映出焦虑状况与成绩表现为显著负相关，其中性别，焦虑状况对各自成绩均呈现出显著影响，且焦虑状况对成绩的影响高于性别所带来的直接影响。在对男女生单独性差异的分析中可以看出，男生与女生的焦虑水平都处于中高水平，但男生的焦虑程度远高于女生，男生对英语学习的排斥性强于女生。基于以上研究结果，在以下几方面提出教学建议：

1.针对男女生焦虑差异问题，应采用多元化听力教学模式

针对男女生焦虑差异的问题，在英语教学中应当采用多元化的听力教学模式。比如由教师进行传统的讲解、学生被动接受，向学生主动探讨学习过程中所遇到的问题转型，以调动学生学习的主动性和兴趣。教师可以设计一些互动

活动，例如在听前导入阶段，将男女生穿插划分成特定的小组，以小组内部交流沟通的形式，来预测听力内容。通过这种形式的安排减轻男生听力学习过程中的焦虑感，在一定程度上能够缓解性别差异所造成的妨碍性焦虑感，提高其促进性焦虑感，提升整体的听力水平。

2.在提高学生听力整体水平方面，应注重把握难易程度

在提高学生整体听力水平方面，日常训练时应注重把握难易程度，听力任务的设计要遵循从易到难的顺序。对于学生犯错率较高的地方以及普遍认为难度较大的地方，应加大训练力度；教学重点有所侧重，根据学生整体的水平，平衡地选取合适的、真实的听力材料。同时，教师应注重培养学生良好的听力学习策略，而不是被动解码。比如根据语境如何预测未知信息，根据语音现象来判断说话人的态度，以及听力过程中对于模糊容忍度的培养，等等。

3.丰富听力学习资源，营造立体化英语学习环境

丰富听力形式，除传统的听力教材，听力教学过程中可从学生的视角适当地补充一些学生感兴趣的音频或视频，营造立体化的英语环境，使得学生全方位地适应听力环境。这样有利于夯实其听力基础，提升其自信心，减轻其焦虑感，从而在循序渐进的过程中提高听力水平。另外，在日常教学过程中，教师与学生，学生与学生之间尽量实现英语沟通或交流，使得英语学习不是一种死板的课程，而是应用型与学习相结合，从而促进学生英语听力整体水平提高。

此外，为降低学生的课堂焦虑因素，教师应采用鼓励式教学，通过与学生进行有效的心理沟通，在轻松愉快的环境下进行听力练习，促进其保持良好的心态，提高其心理素质，使学生能够看到自己的进步，从而使学生自主产生学习的动力与激情，从而使其英语学习形成一种良性的循环。

第四节 大学英语阅读教学的方法与实践

一、英语阅读语言处理的方法

（一）语言的感知与探究

学习是一个能动的过程，学习的发生必须以认知主体的积极参与、主动理解和建构为前提，企图从外部注入知识是难以奏效的。因此，教师要在阅读的过程中通过多样化的教学活动，在转述、利用语境猜词、问题回答、交流互动中为学生提供认识、体验、实践语言的机会，在感知与探究中领悟语言规则，建构并完善语言知识结构。

（二）语言的整理与运用

语言输入的质量决定语言输出的质量。按照语块理论对文本中的语言加以整理，让学生整体理解记忆，可以提高语言输入的质量，减轻学生的记忆负担，同时在语言输出时，这种更大的语言单位作为整体被提取使用，可以提高语言使用的准确性，获得更高效的语言表达。整理是基础，其根本目的是运用，因此在整理的基础上教师应为学生创设与所读文本相关的新的情景，让学生有机会充分利用整理的语块，达到内化语言发展能力的目的。

1.基于需求整理语言

基于需求的语言教学，一方面是掌握学生真实的需求以消除教学中的盲目性，另一方面在于学生所学的语言内容是否是英语学习中有必要或者说是应该掌握的内容语言。例如，学习"Studying Abroad"这一话题时，学生应学会表达在国外学习过程中遇到的困难、寄宿家庭、学习情况，可根据这一需求按照中心话题下的三个小话题来整理语言。

2.创设情景积极运用

创设更贴近学生生活实际的语境，让学生有更多运用语言的机会，最后放手让学生就自己关心的话题自由表达，这样可以把书本知识迁移到现实生活中，将课堂情景转化为生活情景，学生就有机会用所学的语言进行真实的交际。基于学生所读文本创设的情景，可以较好地把课文的内容拓展延伸到实际社会生活中去。这样的情景有助于激发学生实际运用英语的兴趣，提高学习效果。

例如，在完成"Studying Abroad"这一话题语言整理的基础上，教师可以创设这样的情景: Nowadays, more and more Chinese parents send their children to study abroad.Do you think it is necessary to do so?Why or why not?这样的情景贴近学生的生活实际，学生在讨论时有机会将整理的语言加以充分利用。

二、英语阅读教学语言处理的原则

（一）阶段侧重原则

英语阅读教学是一个非常复杂而又高度综合的过程，它承载着太多的内容——内容、思维、语言等。然而，阅读教学的课堂时间是有限的。因此，综合视野下的阅读教学，每一阶段都应根据教学需要有所侧重：或侧重信息的提取，或侧重语言的赏析，或侧重思维的提升。同时，对于不同阶段的侧重，教师应根据课堂教学目标有目的、有计划地选取。

阶段侧重不仅体现在思维、内容和语言上，还体现在语言处理过程中不同阶段应有不同侧重：或侧重语言感知，或侧重语言赏析，或侧重语言运用。阅读教学的课堂会有信息的提取，会有对文本的评价，会有对学生思维的培养，而语言处理贯穿始终，相依相随。语言学习要经历一个输入、内化、输出的过程。所以在信息的提取中可以让学生更多地去感知语言、理解语言，在评价文本的过程中去赏析语言、内化语言，在思维提升的过程中去模仿语言、运用语言。而在此必须指出的是，这些学生感知、赏析、内化、运用的目标语言都是教师在课前对文本进行充分解读的基础上确定的,并非随意选取。

在提取信息的过程中,学生通过借助文本语境,将语言的形式、意义、用法进行有效对接,使之更为形象生动而富有生命力,从而达到感知语言的目的。在评价文本中,教师可以通过巧妙的提问,有意识地引导学生关注作者在语言使用上的技巧,思考作者是如何借助语言有效地"表情达意"的。这样的赏析是学生内化目标语言不可或缺的催化剂,是引导学生从"知其然"到"知其所以然"的过程。美的东西总是令人赏心悦目,产生占有的冲动,所以语言赏析的过程能帮助学生为后续的模仿运用做好情绪和认知上的双重准备。

然而,仅仅依靠语言的输入是不可能形成综合语言运用能力的,还需要通过口头和书面表达来检验和促进语言的吸收与思维能力的发展。在提升思维能力的过程中,可以结合语言的模仿与运用。成功的英语课堂教学应在课内创造更多情景引导学生进行创造性复述,让学生有机会运用自己学到的语言材料。输入之后,教师可以对文本的语境进行加工、拓展,让学生在新的情景中运用语言、表达观点、输出信息。

(二)语篇优势原则

文本不同,题材不同,体裁不同,语言表达方式亦有不同。语言是思维的物质外壳,是人们表达情感和交流思想的工具。任何题材和体裁的文本,都是采用书面语言来表达情感和交流思想的。为了实现一定的表达目的,作者会遵循一定的标准来选择材料,运用一定的技巧来组织语言,按照一定的逻辑来安排段落、形成篇章、表达观点。每个文本都有其自身的核心语言,不同体裁的文本具有不同的语言特征,具有不同的语言示范性优势。叙事类、描写类的文本,常借助多种修辞手法和形象生动的语言来呈现内容。议论文一般会通过主题句来表明自己的观点态度,它和说明文一样,结构特征明显。通过文本解读,教师要充分挖掘文本的优势语言,经过分析、筛选,最后确定目标语言,使之成为阅读课堂中理解的基础、输出的载体。

（三）语境相伴原则

从语言学习的角度讲，学生要通过语篇学习语言，即在一定的语境中学习语言。阅读教学中的语言学习，也应该是通过语言与语境的黏合和互动而进行的语境化的学习。阅读的促学优势是语境和语言搭配信息丰富，在不同的语篇语境中接触语言，与正确的语言输入协同，能够增强语感，扩大词汇量，改善语言使用能力。语言学习离不开语境，语境是语言学习的土壤，只有这样，学生的语言学习过程才是一个有意义的建构过程。

在阅读教学过程中，语言处理所要借助的语境，除了文本所提供的语境，也包括教师在课堂教学过程中创设的语境。在导入部分，教师可以设计正确的语境，通过激活学生已有的相关背景知识，帮助学生初识目标语言。阅读中的语言处理借助的是文本所提供的语境，而人教版教材单元话题下的每一个语篇，都为学习语言提供了良好的语境。读后活动中的语境应该是教师在文本语境的基础上经过提炼拓展后的"新"语境。这样的语境有利于学生创造性地使用目标语言，使目标语言成功转化为学生自身语言知识体系的一部分。在阅读教学中，学生对语言的感知、赏析、内化和运用与相关语境紧密结合，能够有效提升学生的语用能力，实现活学活用的目标。其中，教师可以通过任务链的设计实现语言与语境的互动。

三、英语阅读教学中语言处理视角的选择

（一）内容视角——感知内容与语言之联系

语言服务于内容。语言所传达的信息、形象、意蕴、情感和思想都是文本内容的核心元素。以文本内容为切入点开展语言教学时，教师应该围绕主题，充分挖掘内容背后的优势语言，精心设计课堂提问，激活学生头脑中的内容图式及相关的语言图式，帮助学生梳理话题语言，感知语言与内容的联系，拓展话题语言运用平台，丰富学生的语言知识储备。

（二）结构视角——领略结构与内容之默契

学生通过对特定文本的理解与拓展，建立起语言形式（词汇、句法、篇章结构等）与文本所承载的意义（信息、作者观点与态度、言外之意、读者感受等）的联系。作为语言形式之一的篇章结构，是作者对主题和材料深刻认识的外在结果，是体现作者构思的手段。总体来看，它是为文本内容的表达服务的。一般而言，不同的文本体裁会以不同的篇章结构呈现，比如说明文常常按照时间、空间、逻辑等顺序展开叙述，而记叙文则常常按照时间、空间、人物、事件、情感等架构全文。剖析篇章结构有助于学生全面、准确地理解文本是如何根据特定的表达目的而构建的，它可以帮助丰富学生感知和赏析文本优势语言的体验，有效促进学生阅读技能、写作能力的提高，扎实推进学生综合语言运用能力的发展。篇章结构可以是宏观的，不同的文体会有不同的起承转合之法，呈现不同的结构特征；篇章结构也可以是微观的，教师要引导学生学会分析段与段、句与句乃至词与词之间的连接关系，体会"于细微处见真章"的语言魅力。

在文本理解过程中，教师要善于借助文本提供的语境，为学生提供认知、感悟乃至实践那些连接性词汇和过渡性词汇的契机。连接性词汇和过渡性词汇承担着总起、转折、过渡、总结等功能，针对这些词汇的教学要充分利用文本的语境，让学生把握文章内容递进的脉络层次，体会这些词汇承上启下的"润滑剂"作用。有效的连接性词汇和过渡性词汇学习能让学生在今后的语言输出和运用中增强表达的连贯性、逻辑性和情感性。

（三）修辞视角——感受修辞与表达之精妙

修辞的作用，通俗地讲就是把语言表达得更漂亮、更形象、更精准、更传神。英语教材的很多阅读文本中有不少精妙修辞，极大地提升了英语语言的生动性和艺术情趣。教师须时时留心、处处留意，引导学生发现阅读文本中的修辞手法，让学生体会修辞的运用对表现语言的美感和生动传神所发挥的作用。通过赏析，教师可以帮助学生更好地理解文本内容，丰富他们的写作知识，提升他们的思维能力。

从修辞角度处理文本语言，需要教师结合语境，适度讲解文中出现的一些修辞手法（如比喻、拟人、重复、排比、双关、反语、夸张、对比、头韵、尾韵等），挖掘阅读文本的修辞之美。修辞视角的语言处理就是在阅读教学中引导学生关注作者用词的恰当性、精准性和简洁性，关注句子的清晰性、连贯性和多样性，帮助学生认识到语言的精确使用可以很好地实现交际目的。

（四）文化视角——聚焦文化与语言之融合

人们常常认为英语学习就是掌握其语音、语调、语法规则，以及词汇的积累，如此就能熟练地与他人交流思想、表达情感了。其实语音、语法和词汇只是语言习得的部分，而绝不是全部，因为语言背后的文化也是语言学习不可或缺的一个方面。语言是文化的载体之一，一个民族的文化特性会孕育出其独有的语言，而语言反过来又能影响和推动文化的交融发展。

从文化视角处理文本语言，有助于提高学生的跨文化交际能力。语言是交际工具，在跨文化交际中，英语学习者常出现的一些文化范畴内的错误，远比语法和词汇错误更让人感到莫名其妙。一个无法领会"英美国家把狗视作人类朋友"这一文化现象的中国学生，恐怕是难以理解"You are a lucky dog!"这一表达所蕴含的真正含义的。语言词汇是承载文化信息、反映人类社会文化生活的重要工具，各种语言中除一部分核心词汇，许多词汇都常带有特定的文化信息，即所谓的"文化内涵词"。教师在阅读教学中处理语言时，要借助文本语境，帮助学生在理解内容的过程中，有目的地向学生渗透文化知识，让学生感受到语言背后所承载的文化魅力，从而使他们在学习语言的同时，逐步丰富文化知识、提升语用能力。

第五节 大学英语写作技能的教学

一、写作教学过程

写作过程融合了思想、情感、学识和技巧等方面的复杂心智活动，包括从感知到想象、从形象思维到抽象概括、从内部语言到外部语言等一系列复杂的心理过程，既有具体的、外在的操作性活动，又有作者内在的、非直观的心理活动步骤的演进。写作过程模式理论经历了四个阶段的发展历程：阶段模式、认知过程模式、社会互动模式、社会认知模式。

这四种模式分别诠释了写作过程的不同方面，它们之间具有一定的兼容性，完整的写作活动不仅涉及个体心理的认知过程，也涉及共享社会实体的交际目的，并具有粗略的阶段性行为表现。从认知角度看，写作是一连串复杂的思维过程，是写作者从大脑的长时记忆系统里提取写作资料及策略，解决不断涌现的困难及障碍，最后写出文章的过程；从社会互动和社会认知模式的角度看，整个写作活动的架构包括作者、文本及读者，文体知识与修辞技巧只是文章的成果表现，是作者在写作过程中不断推敲、修改的产物，所呈现的内容经过作者的修订、润饰，在某种程度上已不同于作者在写作开始阶段的所思所想；从交际角度看，写作是一种沟通行为，不仅是作者表达个人想法的过程，还是一种与潜在读者在一定社会文化条件下进行交流并实现共享信息与理念的途径和手段。

写作的具体过程涉及计划、表达和修改等。计划过程是作者确定目标和产出想法的过程，包括分析题目、酝酿内容等。表达过程就是成文的过程，开始于对写作任务的心理表征，终结于写在纸上或输入计算机内的文章。能否在表达的同时随之完成拼写、加标点及检查语法等活动，反映了熟练作者和新手作者的差异。修改过程是对所写内容进行评价和更改的过程，有宏观修改、微观修改、校读等层面。

二、英语写作教学方法

英语写作教学方法一直是英语教学领域关注的问题。国外写作教学法至今经历了半个世纪的发展，影响较大的有以下五种：结果教学法、过程教学法、体裁教学法、内容教学法和任务教学法。

结果教学法以行为主义理论和结构主义语言学为理论基础，其认为写作是一个自下而上的信息处理过程，重点在于对词汇、句法和衔接手段的正确使用。结果教学法将教学重点放在最终的成品上，强调语言的正确性及文章的结构和质量。教学步骤是由教师提供范文，进行分析、讲解，然后学生模仿范文进行写作，最后教师进行评改。结果教学法的不足之处在于：教师无法及时发现学生写作过程中出现的问题并加以指导；评估方法单一，教师往往把重点放在纠正拼写和语法结构等表层错误上；教师的评语只指出文中存在的一般性问题，使学生无法了解具体问题所在，导致同类语言错误反复出现；学生只关心分数，是被动的接受者。

过程教学法产生于20世纪70年代。过程教学法认为写作是一种交际活动，注重写作的过程。它将写作分为写前准备、撰写初稿、编辑校正、反复修改等不同的阶段。过程教学法认为，写作过程不是直线的，而是曲折反复的，从构思到最后完成写作成品，中间须反复进行斟酌、修改。通过写作过程的反馈，学生可以不断发现并纠正错误，并从反馈者那里得到启发，同时也给予其他学生同样的帮助。过程教学法将教师的角色从主宰者和权威者变为读者、编辑、提示者、组织者，教师的责任是使写作活动成为一种协作性的学习过程。过程教学法把教学重点放在学生的写作过程和写作能力上，有利于学生了解自己的写作过程，充分发挥他们的主观能动性，并发展其思维能力。过程教学法受到的最大挑战在于：由于注重写作的过程，费时较多，学生没有足够的时间对多种文体和题材进行写作练习。另外，受制于有限的语言能力，同伴反馈可能达不到预期的效果。

体裁教学法是20世纪80年代中期以来随着体裁理论的发展而出现的一种写作教学方法，在英国、澳大利亚、新西兰等国家较为流行。体裁教学法把体裁和体裁分析理论运用到课堂教学中，围绕语篇的图式结构开展教学活动，其目的是让学生了解不同体裁的语篇具有的不同交际目的和篇章结构，让学生既掌握语篇的图式结构，又能够理解语篇的建构过程，从而帮助学生理解或撰写某一体裁的语篇。体裁教学法在专门用途英语（English for Specific Purposes，ESP）和学术用途英语（English for Academic Purposes，EAP）的教学与研究中备受推崇。体裁教学法的主要教学步骤是：范文分析—模仿写作—独立写作。体裁教学法的优点是强化学生在写作中的体裁意识，使他们在写作时有规律可循，能够创作出得体的英语作文。体裁教学法的不足之处在于：体裁的规约性可能导致教学活动具有浓厚的"规定主义色彩"，学生的写作作品容易出现千篇一律的倾向。

内容教学法在专门用途英语和学术用途英语等教学项目的课程设置中占据着重要的席位。内容教学法在美国比较流行，常见的模式有：沉浸式教学、部分沉浸式教学、主题语言教学及全语言教学等。内容教学法认为英语阅读、写作和学科内容教学应该融为一体，在语境中习得语法和词汇。教师在教授读写核心技能的同时，要注重提高英语作文在语篇、语法和词汇等各个层面上的质量。内容教学法以专题内容为教学主线，帮助学生在写作过程中拓展专业知识领域，其优点是与主题阅读相结合，学生的思路比较开阔，写作内容比较丰富；其弊端在于学科内容知识难以与语言知识的学习相协调和平衡，对写作教师的知识结构要求较高，教师需要既具备语言知识又拥有专业知识，因而不适合中、低级水平的英语学习者。

三、英语写作能力训练

（一）英语写作训练的模式和过程

1. 准备阶段

准备阶段的教学目标是让学生在教师的指导下全面分析、掌握材料，形成写作提纲和"腹稿"。这一阶段的具体内容包括以下五项：

（1）阅读、分析有关材料（文字或图表等），掌握事实。

（2）拓宽思路，集思广益。

（3）交流观点。

（4）记笔记。

（5）拟写作提纲。

2. 写作阶段

写作阶段的教学目标是要求学生在充分准备的基础上进行英语写作实践。这一阶段的具体内容有以下四项：

（1）草稿。

（2）自检错误。

（3）文字推敲、润饰，二稿。

（4）初步定稿。

3. 修改阶段

修改阶段是反馈机制下的一个开放性过程，其教学目标是通过师生信息互动，使学生的作文逐步完善。这一阶段的具体内容有以下三项：

（1）自拟思考题。

（2）教师面批。

（3）对照教师指出的错误，对自己的文章进行修改。

在运用这一模式的过程中要注意以下三点：

（1）提高学生的英语写作水平必须运用测试手段。

（2）教师要教育学生不要过分依赖词典写作，而应该积极地牢记英语单词和习惯用法，注意平时积累，指导并激励学生尽可能地多背诵（至少要熟读）一些精彩文章，特别是经典原著片段，促进学生语感的发展。

（3）教师在指导英语写作训练时，应要求学生注意遵循以下五项原则：

第一，意义性，即行文传达的信息应有明确的意义。

第二，功能性，即作者可以通过文章表达自己的意愿。

第三，得体性，即写文章要根据人、地、时的不同情况，恰当地选择合适的表达方式。

第四，移情性，即要了解英语国家的文化风俗和交际准则，避免按汉语习惯硬套。

第五，流畅性，即词汇、连接、观念表达得自然通顺。

"准备—写作—修改"英语写作教学模式一般适用于中级英语水平的不同教学阶段。

（二）英语写作训练的原则和要求

1.课内训练同课外训练相结合

课内训练以模仿性写作练习为主，听、说、读、写同时进行；课外训练以交际练习为主，写日记、写信、写作文。教师可以给予必要的指导，进行必要的督促和检查。

2.写作练习同书写练习相结合

通过抄写句子和短文练习书写，可以使书写动作连贯且迅速；通过练习书写，能加深对句子和篇章结构的理解。

3.循序渐进同系统训练相结合

英语写作必须由浅入深、由简到繁、由易到难、循序渐进，一环紧扣一环地进行训练。教师应注重抓基本功训练，严格要求学生正确、端正、熟练地书写字母、单词和句子，注意大小写和标点符号。然后从抄写句子和短文开始到听写、连词造句，到替换某些句子成分、改写句子，到连句成文、改写、扩写、缩写、加写或续写……直至命题作文。教师根据学生的英文水平，安排学生进行阶段性的写作练习和指导性写作练习，最后实现自由写作，按照写作训练的要求进行系统训练。

4.听、说、读的训练同写作训练相结合

听力训练时，让学生记录听到的关键词或句子，帮助学生听懂大意。听懂大意又能帮助学生理解篇章结构和句子。口语训练时，让少数学生口述，同时让大多数学生用笔写，消除大班上课大多数学生有口无心的现象，或者让学生先准备，后口头叙述。阅读教学时，让学生做读书笔记，边读边记录主题句、关键词、习惯表示法的句型，阅读理解的效果就会更好，对篇章结构和词句的理解会更深刻，也就更能促进写作能力的提高。

5.模仿学习性写作同交际性写作相结合

要让学生参照句型表达法和写作范本进行模仿练习，不能搞命题作文。如果学生有用英语进行书写交际的迫切愿望，则更能激发其写作热情。因此，可以以模仿学习性写作为基础，以交际性写作为根本目的。

6.思维训练同写作训练相结合

写作训练时，要引导学生认识各个事物之间的相互联系和相互关系，如空间关系、时间关系、因果关系、层次关系等，用英语词汇和句子作为思维工具进行构思和连贯表达。

（三）英语写作训练的艺术

写作实践性很强，在讲的内容、层次、方式和术语上，以及练的要求、步骤、形式和难度上，在小学、初中、高中各阶段明确地体现出差别来。当然，尽管存在差异，也并非截然分开，而是保持着其内在的连续性。因此在教学内容和具体实施的编排上，必须注意不同时期的不同层次，每一轮次都要较前拓宽和加深概念。英语写作能力的训练可分为以下三个阶段：

1.初级阶段

（1）指导学生用三格本进行抄写单词、单句或课文的训练。

（2）指导学生进行听写字母、单词、短语、单句的训练。

（3）指导学生进行书面回答有关课文问题的训练。

（4）指导学生进行英语句法分析的训练。

（5）指导学生进行模仿英语基本句型造句的训练。

初级阶段训练英语写作有以下具体形式：

（1）听写与听力训练相结合，既练听力，又练手写。对于听写内容，教师可根据学生情况由浅入深地练习，在基础阶段可听写单词、词组、句子、段落等。

（2）连词成句。写好句子将为英语写作打下良好的基础。教师可利用图片、简笔画、投影仪、幻灯片显示给出的单词，要求学生连词成句。

（3）填空。教师可利用填空形式练习各种语法知识、词组及表达法的运用。

（4）模仿句型造句。

（5）按照对话模式写下问句，自由完成答句。

（6）填写表格 Pair-work。

（7）连句成文。教师给出句子，要求学生用连接词连接成短文。

（8）小组写作交流活动。在纸条上写命令，要求小组内同学照办。

（9）模仿课文写段落、短文。教师给出句子，要求学生按逻辑顺序将句子组成短文，以及要求学生模仿课文、范文写段落和短文。

2.中级阶段

（1）指导学生进行书写规范化的训练，即"美观、整洁、快速"的训练。

（2）指导学生进行快速听写训练，听写内容最好为文章的一段或整篇。

（3）指导学生进行看图叙述和看图造句的训练。

（4）指导学生进行编写课文提纲的训练。

（5）指导学生进行课文编写的训练。

3.高级阶段

（1）指导学生进行看图作文的训练。

（2）指导学生进行课文的改写、缩写的训练。

（3）指导学生进行模仿作文的训练。

（4）指导学生进行命题作文的训练。

（5）指导学生进行自由作文的训练。

中、高级阶段训练英语写作有以下具体形式：

（1）自由听写。听录音后用自己的话把所听内容写出来。

（2）自由对话。教师给出情景，要求学生写出对话。

（3）记笔记。指导学生阅读一篇文章后写下每段的主题句、关键词、时间、地点、人物、事件等主要信息。

（4）给出主题句、关键词，要求学生写作。

（5）小组活动。

第一，小组成员围坐成一圈，在一张纸上写故事，每人写一句，写好后把纸折起来，后面的同学只能看前面一位同学写的那一句。等全组同学都写好后，再打开看整个故事是否连贯。如第一个同学写：One evening,an old man was sitting at home.第二个同学接到写：Suddenly he heard a knock at the door.第二个同学写好后，把第一句折起来，又交给第三个同学接着写。

第二，小组成员讨论并改写以上故事，使之更连贯。

第三，小组成员每人写一则新闻消息，写好后在组内进行修改、综合，在班上报道。

（6）读课文后写大意、中心思想，进而写出自己的评价。

（7）改写。给学生一篇小故事，阅读后可做以下类型改写：

第一，改写人称、时态。

第二，改写人物、地点、情节、结尾等。

第三，把故事改写成对话形式，或把对话形式改写为叙述形式。

（8）扩写。在原文的基础上加以扩展，可以给出一定的辅助材料（如词、词组等）或自由扩写。

（9）缩写。给学生一篇较长的文章，要求阅读后将其简化、压缩成规定词数的短文，但要保留原文的基本结构和主要内容，可先要求学生写出提纲和大意，然后组织成短文。

（10）写报告。形式有值日生报告、读书报告、电影观后感等。

（11）命题作文。教师要尽量提供目标较小、具体、反映学生生活的题目，如"What I see in the main street of my town"，使学生有兴趣写，有内容可写。

（12）自由写作。可以要求学生自由写 10 分钟，随便他们写什么内容，如一天的打算，对某人、某事的描述，对某事的感想，等等。主要是练习表达他们所感兴趣的事物、自己的经历和感慨。教师不加任何限制，但可给予帮助。

第三章　大学英语教学策略

第一节　英语教学策略的基本内容

一、教学策略的概念

如今，研究者对于教学策略概念的描述大概有四种，搜集了有关资料之后，笔者对其归纳如下：

第一，教学策略与教学方法、教学步骤、教学模式等具有相同的含义。

第二，教学策略是为达到一定的教学目标而采取的一系列教学方式和行为。

第三，教学策略是一种教学思想的体现，可以将其看成一种教学观念或原则，它是教学设计的有机组成部分，体现在教学方法、教学模式和教学手段中。

第四，教学策略是指教师为达到教学目标而制定的教学措施，以及采用的符合学生认识规律的教学方法、步骤及行为方式。

虽然人们对教学策略的概念各执一词，但根据这些观点的相似之处可以将教学策略的概念概括为：教学策略是指教师在一定教学理念的指导下，根据自身对教学任务以及教学情景的认识和理解，对教学活动起调节作用的系统的行为，这些行为能实现最佳的教学效益。

实际上，所有教学策略都是教师教学理念的具体化。比如，为了复习所学的关于动物的单词，教师布置一项语言活动，让学生以小组的形式来进行，其中一个组员用英语描述动物特征，让另外的组员猜是什么动物。这种教学策略充分体现了"以学生为中心"的教学理念。教学策略是在教学理念的指导下实施的，否则就会杂乱无章，很难实现教学目标。教学策略的实施不是一蹴而就的，需要具备一套独特的操作程序和步骤，这些都是通过教学的具体活动来体现的。

教学策略具有多变性，并不是一成不变的，教师可以视情况采取不同的教学策略。我们知道，任何教学活动都有教学目标，教学策略亦不例外。因此，在实施教学策略的过程中，教师必须对教学目标具有十分清晰的认识，并且在目标实现的过程中对具体教学方法进行灵活的选择和创新，以期达到教学目标。

教学策略强调教师要对教学活动进行反思，并在教学活动中对自己所运用的策略进行控制和调节。教师的调控行为是对教学策略的优化，是教师在自我反思的基础上做出的对教学策略和方法的改进，这种能力是十分重要的。如果某位教师具备反思能力并能够自觉认识和调节教学过程，其教学策略的运用就达到了一个较高水平。

二、英语教学的"策略""技巧"与"方法"

语言教学大体可分为原理层、原则层和具体行为层三个层次，如图3-1所示。"策略"属于中间原则层的一部分，指广义上的有意识行为，即教学的不同类型。"技巧"指的是具体的行为、程序和活动，其所描述的是具体的课堂操作，属外语教学法结构中的表层结构。

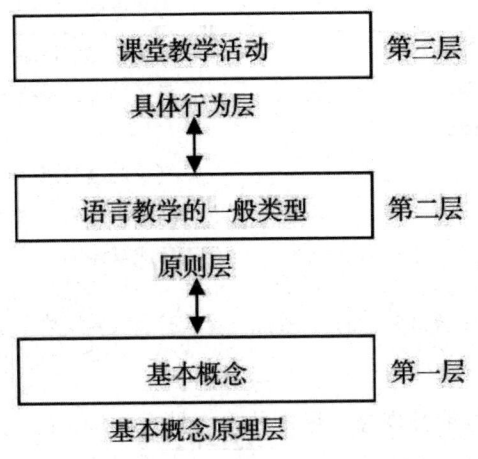

图 3-1 语言教学的层次结构

人们常提及的"方法",指自成理论体系的教学方法,如直接法、翻译法、听说法、自然法等。方法既包含技巧的使用又有策略性原则,而策略是一种跨方法且包容技巧的概念。

三、教学策略的分类

(一)类型观

教学策略属于一种原则性教学行为,大致可分为目的语参照—母语参照教学策略、分析型—经验型教学策略和显性—隐性教学策略三种类型。

1.目的语参照—母语参照教学策略

母语参照教学策略的起源是"语法翻译法"。"翻译"是母语参照教学策略实施的主要"技巧"。在以母语参照教学策略为主的教学中,母语是课堂教学的基础,是主要的交际媒介和教学媒介。因此,教学中涉及大量的双语互译。如图 3-2 所示。

```
目的语参照                          母语参照
外语为参照体系                      母语为参照体系
浸泡在外语中                        母语与外语进行比较
避免母语的使用
避免翻译                            侧重双语对译
直接法                              语法翻译法
从属双语                            合成双语
```

图 3-2　目的语参照—母语参照教学策略

由于语言具有普遍性现象，且各种语言具有共性，因此人们总是在自己已经掌握的母语的基础之上学习外语。各语言之间所具有的普遍性为新语言的学习产生了正迁移，也使其更多地利用母语参照教学策略。实际上，即使是在阅读中，多数学生也都在不自觉地进行双语翻译。由于教师自身外语水平可能不高，且师生都使用同一母语，因此母语自然就成为教师在外语教学过程中的媒介。翻译是一种有效的语言学习活动，它可以激发构思、引发讨论、促进精确明晰的理解、增加适应性、帮助学习者解决令其头疼的外语问题。因此，虽然如今交际教学法已占据主导地位，但母语参照教学策略仍然被广泛使用。

19 世纪，目的语参照教学策略随着直接法的出现进入课堂。目的语参照教学策略要求在教学过程中禁止使用母语，要让学习者浸泡在目的语的环境中。随着第二语言习得研究的发展和交际教学法的普及，目的语参照教学策略越来越受到重视，使用目的语来教学的呼声越来越高，目的语参照教学策略已经成为当今外语教学的主要策略。

两种学习策略以不同的方式作用于学习过程，给学生带来的帮助和支持也不同。研究发现，在初学阶段加强母语和外语的比较，用母语解释外语对语言的学习会有一定的促进作用，随着学习的一步步深入，要达到比较好的效果就要减少母语参照策略的使用，而应多采用目的语参照的策略。但这并不说明目的语参照教学策略不适合初学者，恰恰相反，直接法、浸泡法、全身反应法的应用都说明了目的语参照教学策略具有可行性。因此，目的语参照教学策略和母语参照教学策略实际上并没有优劣之分，只是适用的对象不同。两种策略在不同的教学环节发挥其作用，都给学习者带来了帮助。

教学策略应当对教学目标的实现起到一定的辅助作用，当外语教学的目标是培养学生的交际能力，注重对听、说、读、写四种技能的培养时，课堂教学程序就应多提供目的语参照的机会以促进语言的运用。而当教学的目标是以培养学生的口译和笔译能力为主时，则应当采用母语参照策略。在以翻译为学习目标的课堂上，母语参照应是主要教学手段。

2.分析型—经验型教学策略

分析型与经验型是两种完全不同的教学方式，分析型教学以语言项目，如词汇、语法、语篇、语言技能（听、说、读、写）为学习内容，学习的目标为获取语言知识和语言技能，学习所采用的方式主要是语言操练，基本没有真实情境中的语言运用练习，注意表达的准确性和语言的系统性。过去的几百年，外语教学采用的主要方法就是分析型教学，而后直接法的出现使经验型教学开始进入课堂。尽管如此，在对大量语法项目的处理上，直接法所采用的仍是分析型教学策略。分析型教学策略在语言教学中的运用非常广泛，只要是以具体语言为中心的教学，无论是词汇、语法、语篇，还是社会语言学方面，在教学过程中都会运用到分析型特征。

从 20 世纪 60 年代开始，在第二语言习得研究的基础上，人们开始大力呼吁经验型教学。经验型教学重视语言的交际功能，提倡"于实际运用中内化语言结构，培养语言能力"。交际教学法的实施充分体现了经验型教学原则，另外，自然法和浸泡教学法也都采用的是经验型教学方法。经验型教学主要培养学生的语言运用能力，通过交际、解决问题等形式，让学习者在无意识的过程中提高语言运用能力。

语言教学既有技巧的获得也有技巧的运用，只有掌握一定的学习技巧，才能更好地提高学习效率，而运用学习技巧也能帮助学习者更快地习得语言。因此，将分析型教学策略和经验型教学策略相结合有利于提高外语教学效率。

3.显性—隐性教学策略

显性和隐性教学策略可以说是两种完全相反的教学策略。显性教学策略就是让学生有意识地学习语言知识；而隐性教学策略则使学生在语言运用的过程中内化语言结构，从而自然而然地学习语言。在外语教学的过程中采用显性教学策略还是隐性教学策略一直是学术界争论的焦点。

所谓显性策略，是指"有意识的"教学方式。"直接法""翻译教学法"用的即为显性教学策略。显性教学策略把语言学习看成一种认识发展过程，学习过程以"分析""推理""问题解决""规则学习"为特征，是一种系统性学习，常采用一些认知方面的技巧。如：观察——注意语言特征；概念化——讲授抽象概念；解释——规则演绎；记忆辅助；规则发现——语法归纳；关系性思维；辨别；尝试——假设检验；显性操练——规则语言化的句型操练；监控——在意义交际中注意规则的使用以检验语言的正确性。

隐性策略源于行为主义心理学，其把学习看作一种"习惯养成"过程，强调通过"刺激—反应—强化"以达到"不假思索地回答"的程度，在实际操作过程中也就是通过接触实用中的语言及类比和模仿，培养学生对语言的整体感悟能力，像儿童习得母语一样习得第二语言。隐性策略大体可分为以下三类：

第一，听说法教学策略——重复、死记，语音/句型模仿、对话记忆、句型操练。

第二，体验型教学策略——使用该策略时，教学活动要把学生的注意力引向话题、活动、任务和实际内容。

第三，创造自然吸收环境的教学策略——常用的策略技巧有催眠法、暗示法。

作为两种截然不同的教学策略，显性教学策略和隐性教学策略所采用的技巧也各不相同，但语言学习过程本身却是显性教学策略与隐性教学策略的结合，过分地强调任何一方都不能使学习者真正掌握外语。

（二）程序观

以马顿为代表的学者认为，教学策略指的是能够刺激某特点学习的策略，并对语言能力的培养起直接作用的教学程序。即只有以培养策略能力为目标的教学程序才能被称为教学策略。依马顿之见，教学策略分为接受型策略、交际型策略、重组型策略和折中策略四类。接受型策略以培养听力和阅读技巧为主，把听和读放在首位。交际型策略指的是"以意义为中心"的隐性教学程序，其教学程序与交际教学法基本相同。重组型策略则指通过一些再现活动、重组活动和再创造活动重组原文、创造新的语言，其中程序的安排与听说法类似。折中策略指的是根据课堂情况的不同将以上三种策略结合起来，以取得预期的教学效果。

（三）原则观

普拉特认为，教学策略指的是促进"有效教学"的原则。具体如下：

第一，增加完成任务的时间——可采用作业、参与对话等方式来实现。

第二，激发动机——激发学生学习的内部和外部动机。

第三，掌握学习——努力使每个学习者都达到掌握的程度。要达到掌握的程度，需要满足六个条件：清楚实际的高标准、高期望；明确评估标准；及时反馈与纠正；充足的时间；适当的认知及情感状态准备；因材施教（这里指教学应适合学生）。

第四，高期望要求。

第五，精心计划课堂教学。

第六，培养学生的学习和阅读技能。

第七，教学应富于变化和趣味性。

第八，构建有秩序的学习环境。

第九，互惠性学习。

第十，利用计算机辅助教学。

第十一，学校共鸣——校内师生与学校各机构间的相互配合。

第十二，家长参与。

显然，普拉特的教学策略仅仅是一些一般的教学原则，并未提及具体的操作方式。

第二节　教学策略的结构和产生途径

一、教学策略的结构

根据教学策略的特点，我们可以将教学策略分为普遍性教学策略和具体性教学策略两类，下面分别加以阐述：

（一）普遍性教学策略

普遍性教学策略指适用于各种课型的教学策略，无论是听说、阅读还是写作等，都与教师的组织教学分不开，教师有必要采用不同的方式激励学生，对学生进行评估。而提问作为师生交互活动的重要组成部分，也应是教学策略包含的部分。因此，普遍性教学策略主要包括组织策略、激励策略、提问策略和评估策略四种。

1.组织策略

高效的课堂组织是成功完成教学任务的一个主要因素。没有教师的有效组织，任何活动都不会发挥其应有的作用。因此，教师要掌握一定的方法和技巧，合理安排教学活动并智慧处理课堂问题，以保证教学任务顺利进行。而用于组织课堂教学行为的手段也就构成了课堂教学中的组织策略。

课堂组织策略涉及教师角色的认定、课堂活动的控制、交互模式的选择等。

2.激励策略

激励策略指的是能够激发学生的学习兴趣，调动学生参与活动的积极性的教学策略。动机是成功的前提，是直接推动学习的一种内部动力，它包括学习意向的选择、学习者的积极参与、兴趣的保持和持久努力等。做一件事必须有主观动机，学习也是如此，因此激发学生的热情，使学生积极参加课堂活动是有效教学的保证。

能够激发学生动机的方式有很多，包括环境、教师的榜样作用、奖励和惩罚等。其中激励策略包括满足学生自主需求的策略、培养学生自信的策略、满足学生归属感和自学需求的策略，以及刺激变换策略等。

3.提问策略

提问是最常见也较为有效的课堂交互活动。影响提问策略成败的因素有很多，如问题的种类、教师对学生回答的评估，以及对回答过程的控制。

问题的分类也有很多，如开放性问题与封闭性问题，浅层问题与深层问题，聚合性问题与发散性问题，信息性问题、理解性问题与评价性问题，陈述性问题与推理性问题，等等。这些问题除了对学生的认知水平和英语语言能力有要求，还和问题的难易程度、反馈方式以及等待时间的长短有密不可分的关系。因此，要做到有效提问并非易事。

从提问的过程来看，提问策略可分为计划策略、问题设计策略、控制策略和评估策略四种。

计划策略用于指导教师备课过程中对提问的准备活动，帮助教师确定提问的目的、内容，以及对问题的组织，并预测学生在回答中可能遇到的问题，为问题准备适当的解答方式。

问题设计策略指的是帮助教师进行有效提问的方式和技巧，包括如何对问题进行简化、调节，如何追问，等等，使设计的问题清晰易懂，且能够激发学生思考，培养学生的思维能力。

控制策略指的是保证提问过程顺利进行的方法和技巧，主要有排序、等待、提问、全方位注意等。

评估策略指的是教师所采用的评价学生回答的方式，常见的有表扬、引用、鼓励、身势语等。

4.评估策略

课堂评估是一种有效的教学监控策略，它通过对学生学习过程的监控来提高课堂教学的效率。评估采用目标参照的方式，对学生的表现进行不记名评定，目的是通过课堂评估组织学生对任务完成情况、学习中存在的问题、策略的使用等进行反思，从而有效地调节学生的学习方式、完善学生的学习计划，教师也从对学生的评估中获得相应的反馈信息，借以提高课堂教学的质量。

课堂评估是课堂教学中不可缺少的一部分，应纳入正常的课堂教学之中，经常进行。评估以学生自评为主、教师指导为辅，使评估与听、说、读、写的教学相结合。其中评估策略的使用很大程度上与课堂教学内容有关，与学生的具体情况有关。

（二）具体性教学策略

具体性教学策略指的是用于培养听、说、读、写能力的教学行为，根据所涉及的教学内容可分为词汇教学策略、阅读教学策略、听说教学策略、写作教学策略和语法教学策略。

词汇教学策略部分结合词汇教学的"展示""运用"和"测评"三个阶段论述一些切实可行的课堂操作技巧。

阅读教学策略从"流畅阅读"的角度论述阅读教学的各种模式，阅读教学的原则和"对子阅读""自选阅读"等一些具体的课堂操作方式。

听说教学策略部分除听说教学的模式，还将讨论一些有效的听说教学手段，如"流程卡""连锁复述""小组讨论""角色卡"等。

写作教学策略部分将论述四种教学模式以及模式选择和技巧运用，具体包括"互惠性写作""平行写作""七巧写作""轮式写作"等。

语法教学历史悠久，在大力提倡交际教学的今天，各方对如何开展语法教学颇有争议。

二、教学策略的产生途径

教学策略产生的途径主要有以下三种：

首先，教学策略来自教师对教育理论的分析和判断，来自教师结合具体教学环境对理论进行的积极、主动的选择与取舍，在此过程中，教师将教育理论真正融入头脑中已有的理论框架。只有这样，教师才具备在具体的教学情景中选择和采纳即兴的教学策略的能力。

其次，教学策略还产生于对具体教学方法和技巧的深入分析和思考。在深入分析和思考过程中，教师自觉运用已掌握的知识和方法，分析各种教学方法和技巧的特点及适用环境，并对同类方法加以对比，加深对其独特性的认识和了解。

最后，对教学经验的总结和反思也是产生教学策略的有效途径。事实上，已有的教学经验是教师专业发展的策略源泉。借助于对教学经验的反思，如记教学日记或进行教学观摩，教师会加深对个人经验的认识，同时也有利于对相关理论的理解和掌握，更有助于将个人经验与教育专家提出的观点加以整合，产生教学策略。

在教学实践中，有一个常见的现象——越是年轻的教师，其教学的客观性就越强，主观性就越差。这说明，年轻教师由于缺乏作为自己研究和反思的资源的教学经验，不具备从多样化的教学方法中进行综合优选或优化组合的能力，因此就很容易将国内外专家的教学理论和方法直接运用在教学实践中，教学策略和方法就会比较死板，缺乏活力，缺少创新。

此外，如果将教学策略仅仅视为一种提升教学效果的手段，那么其工具色彩和实用色彩未免过重，因为教学策略形成的最终目标是促进教师的发展，体现教师作为人的本质力量。教育是关于人的活动，教育的最终目的是实现人在认知、情感、思维、人格等方面的真正全面、和谐的发展。这里所说的"人"既包括学习者，也包括教师。灵活创新的教学策略使教学过程充满活力，能够很好地引导学习者积极参与，目的是促进学习者愉快、和谐、全面发展。同时也促进了教师知识水平、专业技能的提升，情感的协调，赋予了教师作为个体生命意义上的充实和升华。

第三节　英语教学策略的研究意义及现状分析

一、英语教学策略的研究意义

（一）教学策略的研究是教学理论发展的必然趋势

20世纪初，人们对教学现象的认识还停留在肤浅的层面，认为教师的品质和行为是影响教学的唯一因素。因此，在教学的研究中主要注重优秀教师的品质，在培训上也主要培训教师的职业精神和能力。随着人们对教学现象的认识越来越深入，教学研究不再只研究教师的行为，而是研究教与学两个方面的内容。尤其是在研究教与学的内在机制等问题上，出现了心理学原理与教学研究相融合的趋势。

20世纪70年代以来，心理学原理与教学研究相结合，逐渐成为教学理论发展的客观需要和必然趋势。很多心理学家开始关注教学问题的研究，并打破学科壁垒，运用现代认知的科学与方法对教学问题进行研究并取得了新的进展。例如，计算机模拟教学、现代认知心理学的理论等，都对教学理论研究产生了重要影响。由此可见，教学理论的发展有了更加广阔的研究领域，"教学模式""教学设计""教学策略"等已成为教学理论的基本内容。

（二）教学策略的研究有利于促进教学理论与实践的有机结合

教学理论具有系统性、逻辑性和抽象性的特点，能够反映教学活动的概念、原理。而教学实践具有客观性、社会历史性和主观能动性。二者的良好结合意义重大。

教学理论源于教学实践，并指导实践，然而教学理论一旦形成，就具有其自身的独立性。由于教学策略是在教学思想的指导下，遵循教学规律和原则，对教学过程的诸要素进行整合而产生的，因此教学策略是联系教学理论和实践的桥梁，教学策略的研究不仅对于完整、科学的教育理论体系的建设具有帮助作用，而且能够有效解决理论指导实践的问题。

从教学理论上看，教学策略有利于教师从动态上把握教学过程的本质和规律，并从整体上综合地认识和探讨教学过程中各种因素之间的相互作用和多样化的表现形态。这种使教学各个部分之间相互联系的研究得到了重视，改变了长期以来形而上学的思维方式。从教学实践来看，教学策略是在教学经验的基础上发展的，是教学理论体系的具体化，其既简明具体，又概括完整，人们理解和掌握起来更加方便。

（三）教学策略的研究有利于提高教学质量

当今的社会发展需要高素质的人才，对于学校来说，如何培养高质量的人才是目前亟待解决的问题。而学校是通过教师进行人才培养的，如何提高教学质量的重担就落在了教师的肩上，因为提高教学质量的关键在于教师。然而通过分析以往的研究成果发现，许多学者在探究如何提高教学质量的问题上存在着误区，他们往往重在考查教师的个性品质与学生学习成绩的关系。事实上，这类研究存在着明显的缺陷，因为一些研究已经证实，影响教学效果的关键性因素是教师的教学活动，影响教学质量的关键因素之一则是教学策略。

近些年来，一些研究表明，采取不同教学策略的教师的教学效果存在着差异。我国学者辛涛、申继亮在《关于教师教学监控能力的培养研究》一文中指出，教师认知水平的提高会改善其教学行为，从而进一步提升学生的学科能力和学习成绩。由此可以看出，采取有效的教学策略会提高学生的学习成绩。

二、英语教学策略研究的现状分析

（一）国外关于教学策略的研究

20世纪70年代以来，国外教育心理学开始关注教学策略，提出将教学行为与学习成绩联系起来进行研究的主张，1976年，史密斯提出了以经验为基础的内容限制性策略和非内容限制性策略。内容限制性策略研究的重点是教师的语言行为，注重师生与教学内容的关系。他认为，策略可用于引导学生的语言交流，保证论点讲授清楚，减少学生在讨论中的不切题和错误回答。非内容限制性策略包括课堂教学策略、课堂管理策略以及师生间和学生间的合作策略。例如，1978年盖奇总结的"教师七要"教学策略，涉及课堂组织与管理、学生的学习指导等一系列具体问题，对教师的教学行为提出了规范性的要求。

在同一时期，出现了许多关于"过程成果"的研究，库宁的课堂管理策略就是根据这一研究报告提出来的，又叫防范式课堂管理策略。它的内容主要包括：制订留有一定余地的教学计划；安排进度，确定难度，安排具有多样性的学习活动；顺利地开展教学活动，并使其发展下去；观察课堂整体，并对不同的事件做出反应；始终留意学生的集体活动。1979年，布罗菲等人对此策略又做出了补充，给教师提出了应当在充分了解教学内容和学生兴趣的基础上采用适当的教学策略的建议，不应过分使用命令式、自由式等任何一种教学策略，可多采用有检查的教学方法。

1981年，约翰逊提出了"成人（教师）与孩子（学生）、同伴与同伴的合作策略"。他的研究结论是，同学之间的关系会对学习成绩、价值观、态度等社会行为和心理行为造成影响。与此同时，同伴间的共处和互助有利于思维的发散。此外，他在研究中还发现，在教学活动中，组织意见不同的辩论会，对于增强好奇心、提高解决问题的决策能力和发挥更大的潜力方面都有很大的帮助。

史密斯等人的研究，揭示了有效的教学策略与学生学习成绩之间的关系，而这是前人的研究中都没有做到的，尤其是对师生合作策略的提倡，转变了人们对师生关系的认识。从某种意义上来说，史密斯等人的研究成果是对教师主导地位的重新肯定，把研究重点放在了教学内容的科学安排、良好师生关系的建设等问题上。但是他们的研究也有一定的局限性，首先，虽然史密斯等人认为两类教学策略都重要，但邓金等人的研究发现，内容限制性策略的研究并没有找到充分的证据，而且很难在实践中应用；其次，史密斯等人的研究对教学策略的含义的揭示不够准确，几乎与方法、步骤等同。

20世纪80年代，美国著名的教育心理学家罗伯特·加涅（以下简称"加涅"）也对教学策略做了较为深入的研究。在《教学与学习的有效策略》中加涅认为，教师取得成效的差别反映着他们在教学过程中的管理和指导策略的差别。管理策略用来使学生接触教材，并使这种接触保持相当长的时间，而指导策略可使教材的学习变得相对容易。书中还包括对教学管理和指导策略的具体说明，指出有效的教学管理策略应当是坚持教学常规和井井有条的。还在此基础上，特别提出了"教学动力学"，认为优秀的教师能够做到根据学生的学习情况采取流畅的行动序列，并具有在课堂上随机应变的能力，能够将管理和指导策略运用自如。

加涅对教学策略的研究效果显著且具有说服力，他以大量的实证研究成果证明了教学策略对学生的学习效果和教师的教学效果具有重要意义，还指出，教学策略是可以学习和训练的。然而，尽管如此，其研究也具有局限性，他没有明确教学策略，且从他提出的具体内容来看，也有把策略与方法、步骤混淆的嫌疑。

国外关于教学策略的研究，引导人们树立科学的教学观、师生观，引发了人们对教学策略的重新关注，产生了一系列颇具成效的研究。但国外学者对教学策略的研究忽视了理论探讨，迄今为止并没有揭示教学策略的本质。

（二）国内关于教学策略的研究

20世纪80年代以后教学策略才在我国教育文献中出现，而直到20世纪90年代，我国学者才开始对教学策略做比较系统的研究。近些年来，我国学者在教学策略研究方面也取得了一些成果。

1.关于教学策略基本含义、分类、形成条件和特征的探讨

国内关于教学策略的含义、分类、形成条件和特征等方面的研究的学者主要有李伯黍、燕国材、张大均、黄高庆、申继亮等人，他们分别在自己的著作中，对教学策略做了一些探讨和研究。

在燕国材、李伯黍主编的《教育心理学》中，将教学策略分为两种，分别是发现性教学策略和指导性教学策略。发现性教学策略指的是让学生自己去观察、操作，并对有关的教学材料进行比较，自己去发现知识，获得概念和原理。指导性教学策略指的是教师按教学要求先制定出教学程序，而后对学生进行系统讲授和直接指导。

张大均在《教学心理学》一书中对教学策略做了如下定义："教学策略是指在特定教学情境中为完成教学目标和适应学生学习的需要而做出的教学谋划和采取的教学措施。"且张大均根据教学实施的环节将教学策略分为教学准备的策略、因材施教的策略、教学实施的策略和教学监控的策略等四类九种教学策略。他认为教学策略具有指向性、整合性、操作性、启发性、灵活性等基本特征。

在《关于教学策略的思考》一文中，黄高庆、申继亮等人对教学策略做了如下定义："教学策略是关于有效地解决教学问题的方法、技术的操作原则与程序的知识，主要包括三个方面的内容，一是解决教学问题的方法、技术，二是这些方法、技术的操作，三是操作中的要求和有目的、有计划的操作程序。"他们认为，教学策略具有目标指向性、可操作性、灵活性等特点，是教师所特有的知识。

2.教学策略训练对教学效果影响的实验研究

怎样使教学策略在课堂中得到有效应用,以提高教学效果,是教学策略研究的重中之重。为此,我国学者在这方面做了如下尝试性研究:

张大均及其领导的课题组从20世纪90年代开始进行把教学训练运用于课堂学科教学的实验研究。研究结果显示,教学策略训练能显著提高教学效果和学生的学习能力。这些研究具备以下三个特点:第一,科学性与应用性并重;第二,以具体学科教学为背景,把策略训练作为手段,以提高学生学习能力为目标;第三,既严格控制变量又在自然教学情境中进行。

从国内外关于教学策略研究现状中我们可以发现,关于教学策略的含义和概念较多,教师选择有效的教学策略就具有了一定的难度,且一些理论程度不高或者科学性、精确性较差的理论,并不能真正发挥对实践的指导作用。

第四节　常见的英语教学策略

为保证教学过程的顺利开展,提升学生的学习成效,教师可根据教学因素,设计合理有效的教学策略来展开教学。在实际英语教学过程中,常用的教学策略有五种,即课堂组织策略、激励策略、提问策略、传授策略以及课堂评估策略。

一、课堂组织策略

课堂教学的成功无法离开课堂组织策略的正确运用。假如课堂组织策略运用不当,则课堂活动就不能够达到预期的效果。以下将讨论一些切实可行的组织策略:

（一）一分钟问卷策略

一分钟问卷策略是指在课程结束之后，教师给每个学生发一张问卷，要求学生对课堂的主要内容进行归纳，并提出存在疑惑的问题。填完之后，由教师统一收集、整理。这种问卷不需要判分，只是用来了解学生的学习情况、存在的问题以及对知识的掌握程度。而如果有很多学生存在共同的问题，那么教师就可以在下一堂课上进行集中处理。如此一来，教师也可了解每个学生的具体情况，也便于教师因材施教。

（二）思维小憩策略

教师在课堂上尽量提一些反问句，给学生20秒的思考时间，然后做解释，这一技巧被称为思维小憩策略，此策略的运用有助于培养和训练学生参与解决问题的思维能力。为确保学生真正参与，在使用这一技巧时可让学生在纸上写下自己的理解或答案。

（三）参与记录策略

参与记录策略是指教师为了确保学生真正参与课堂的活动，要求每位学生准备一张纸，并在上面写上自己的姓名，记上自己上课回答问题和提问题的情况的做法。这种方法可以帮助教师了解课堂上学生参与活动的具体情况，进而调整自己教学的指令分配。

（四）计划参与策略

计划参与策略是指教师可提前在宣布下课前用5~10分钟的时间来回答学生问题的做法。在课堂活动中，学生的主动参与是其积极学习的重要表现，有助于学生独立理解学习材料，培养学生发现问题、解决问题的能力。很多教师习惯在下课前的一两分钟内让学生提问题，但对学生来说，这只是课堂内容结束的标志，多数情况下学生对提问题这一环节有反应。这一策略的使用可以使学生在课堂学习中集中注意力和发现问题。

(五) 好同桌策略

一些学习能力较弱的学生或注意力不集中的学生在课堂教学过程中经常会问"老师让干什么""老师讲到哪一页了"等问题。如果能有一个"好同桌",这些问题自然会得到解决。在教学过程中,要使"好同桌"策略真正发生作用,需要遵循以下原则:

第一,允许同桌两人公开自由交谈。

第二,同桌两人不得以求助为由将谈话扩大化,甚至纠缠对方。

第三,"好同桌"必须保持一种合作和谅解的态度。

第四,为确保学生能够理解"好同桌"与"伙伴"的区别,必须向同桌两人明确表示什么问题能问,什么不能问;什么忙可以帮,什么忙不能帮。

二、激励策略

对于任何教学来说,教师的首要任务都是激发学生的参与热情和参与意识。兴趣与动机一直被视为教学的关键。俗话说,兴趣是最好的老师。教师如果不能在教学过程中激发学生的学习兴趣与动机,教学就不可能收到预期的效果。激励策略是指用于激发和维持学生学习动机的方式和措施。在英语教学中,常见的激励策略主要有以下几种:

(一)"已知—欲知—得知"表策略

"已知—欲知—得知"表策略通过四步激励活动促进学生的积极参与,适用于各种教学内容。该活动能够帮助学生清楚地看到自己在学习上的进步,从而增强其自信心。具体操作步骤如下:

第一,学习一节新课之前,教师可以鼓励学生列出已经了解的有关该主题的信息与资料,并将结果写在黑板上,然后组织学生进行讨论。

第二,教师可以鼓励学生列出通过阅读想进一步了解的问题,汇总之后写在黑板上。

第三，学生阅读材料的同时，教师要提醒学生注意对比材料所提供的信息与自己想了解的问题之间存在的差异。

第四，教师组织学生列出自己所学到的新知识。

这一活动操作比较灵活，可以让学生单独完成，也可分组活动，或是由全班学生共同参与完成。

（二）预测指导策略

预测指导策略主要适用于语言教学。具体操作过程如下：

第一，教师将学生分成4~6人的小组。

第二，教师提出问题，然后组织学生讨论。

第三，学生阅读材料，检验自己观点的正确性。

第四，教师可组织学生进行第二次讨论，指导学生运用所学材料对预测的观点进行论证。

（三）目标卡片策略

目标卡片策略是指通过帮助学生确定学习目标和行动的措施，实现学生对英语学习的自主化，这有助于提升学生的学习效果。如此一来，学生就能成为学习的主人，进行主动学习。这一策略的具体操作步骤如下：

第一，教师对活动进行介绍，向学生讲明该活动的要求和意义。

第二，组织学生讨论，指导学生对学习过程中存在的问题进行总结。

第三，教师帮助学生根据自己的情况制定自己的学习目标，并且列出几条保证目标实施的具体措施。比如一个学生的近期目标是在英语作业中取得A，那么他可以采取如下具体行动：一是每天阅读半个小时精选作品集，二是用笔记卡帮助组织和记忆信息，三是在写作前列写作提纲，四是请同学帮忙校对初稿。

目标卡片制作完成以后，学生可以将卡片放起来，以便以后对照自检。在具体教学过程中，教师也可以组织学生进行阶段性讨论，给学生以自检自查、自我发展的机会。

（四）同伴问题策略

在使用同伴问题策略时，教师首先要指导学生根据阅读材料撰写问题，然后根据这一策略培养学生的自主学习能力，激发学生的学习动机，具体操作过程如下：

第一，教师需要向学生明确试卷上将要出现的两种问题，即记忆性问题和理解性问题，并且举例说明这两种问题的不同之处。

第二，教师组织学生分组讨论阅读材料，每人设计一个理解性问题和一个记忆性问题。

第三，教师汇总学生的问题，进行适当修改和增补，并将其设计成试题。

这一策略可用于复习过程中的单元测试，活动方式很灵活，采取个人和小组的方式均可。

（五）反身参与策略

在课堂提问过程中，常常只有几个性格开朗、思维活跃的学生踊跃回答问题，而一些腼腆的、反应慢的学生回答问题的机会就会减少。在使用反身参与策略时，教师不让学生通过举手来回答问题，这样所有学生都可以参与课堂活动，其具体操作步骤如下：

第一，教师把写着学生名字的卡片放在讲台桌上的盒子里。

第二，教师把学生分为两组。

第三，教师提出问题。

第四，给学生15秒的思考时间和约30秒的讨论时间。

第五，教师从盒中抽取一张卡片，请卡片上的学生回答问题。其他学生可在一旁暗示该学生，帮助他正确作答。

第六，教师将提问过的学生卡片放在一边，再次提问时继续从盒中抽取，以使尽可能多的学生获得回答问题的机会。

第七，在大部分观点都陈述完毕后，其他学生可做补充，值得注意的是，补充的回答必须是新的。

（六）新闻编辑室策略

新闻编辑室策略是指通过让学生自己选择素材写作来培养学生的自主学习精神，激发学生的学习兴趣。这种策略在课上课下都可以使用，以下是具体操作方式：

第一，教师在教室内的学生专栏中开设一个新闻栏。

第二，在课上，教师布置一个标题，如"Daily News"，让学生写一段话或一篇文章，叙述校内发生的事。

三、提问策略

在课堂教学中最常用的策略之一就是提问策略，提问的有效性在很大程度上与课堂教学的有效性相关。提问的策略涉及提问的四个阶段：准备阶段、发问阶段、学生组织答案阶段、教师提供反馈阶段。据此，可将提问策略分为：准备策略、设计问题策略、控制策略和评估策略。

（一）准备策略

教师的提前准备保证了提问的有效性。虽然有些教师可以在课堂上进行熟练的即兴提问，但多数情况下提问涉及语言组织问题，如果教师不提前准备，就会出现课堂提问顺序安排缺乏逻辑性的问题，从而造成学生不能运用教师所期待的技能进行回答的情况。因此，在课堂提问之前，教师应做好充分的准备工作。教师在课前准备时，应做到以下几点：

1.明确提问的目的

由于课型不同，课堂教学目标不同，提问目标也要与相应的课型和教学目标相匹配。因此，在备课时，教师应明确提问应当达到的目标。针对不同的提问目标，教师在课堂提问过程中就要使用不同的技巧。因此，只有确定好了提问目标，活动才能够有效开展。

2.选择提问的内容

在课堂教学过程中，教师提问的侧重点往往会成为学生重点学习的依据。因此，教师在准备提问内容时，不应只考虑内容的难易程度，而应选择重点内容进行提问，若提问不重要的内容有可能会误导学生，使学生在学习的过程中有可能分不清主次。

3.组织提出的问题

教师在组织提出的问题时，应注意以下几个方面的内容：

第一，教师要注意选择回答内容丰富的问题。

第二，教师提出的问题应相对具体而不是笼统的。此外，教师提出的问题最好能够引发学生讨论。

第三，问题要有足够的弹性，但最好不要问带有猜测性的问题，以免对学生产生误导。

第四，问题中不应包含答案。教师应避免提出暗含答案的问题，因为此类问题限制了学生自主思考的空间。

4.预测可能出现的问题

在计划提出的问题时教师应尽可能地对学生的回答进行预测，同时预测时要考虑下面几个问题：

第一，哪些概念可能会给学生的回答造成障碍？

第二，所提出的问题是封闭性的还是开放性的？

第三，希望从学生那里得到的回答是什么样的？是举例、定义，还是问题的解决方式？

第四，希望学生用自己的语言还是所学材料中的语言回答？

第五，怎样对待不恰当的回答？

第六，如果出现学生拒绝回答的情况该怎么办？

5.记录问题

教师在还没有完全掌握提问的策略时，需要将自己课堂上将要提出的问题以书面的形式记录下来。做好充分的准备永远是第一位的。

（二）设计问题策略

教师提问的方式、问题的类别制约着课堂提问的有效性。设计问题的策略指的是提问阶段帮助教师选择恰当问题的技巧和方法。下面是几种常见的设计问题策略：

1.简化与调节策略

简化策略要求教师所提出的问题语言简单、清楚，多运用学生熟悉的词汇。调节策略要求教师在课堂活动中提出与学生现有知识水平、思维能力相符的问题。

2.启发思维策略

由于学习的目的除了扩充知识，还有通过信息的分析综合培养学生的思维能力、认知能力和解决问题的能力。因此，启发思维策略要求教师在课堂提问时，不宜提过多信息性问题，应尽可能地提问能够启发和发散思维的问题，只有这样才能保证教学的有效性。

3.提出与学生有关的问题

提出与学生有关的问题指的是教师所提出的问题涉及的话题是学生了解的，内容要与学生的经历有关。这样提问题能够激发学生回答的兴趣，增强学生的参与意识。

4.提出继续性问题

提出继续性问题包含两种情况：一是当学生的回答不得当或不完整时，教师应该继续提问，引导学生做出正确回答；二是在学生回答正确的情况下，教师在其回答的基础上继续提问，使问题更加深入，引发学生进一步思考。

5.提出挑战性问题

提出挑战性问题是指提出的问题应该对学生的语言能力、思维能力具有挑战性。如果学生能够正确回答出这类问题，则对其自信心的增强、能力的发展都有很大帮助。

6.提出发散性问题

有关调查显示，在课堂教学中，学生对于发散性问题的喜爱程度超过聚合性问题，因此教师在课堂提问的过程中应尽量提发散性问题，培养学生的发散性思维。

（三）控制策略

控制策略指的是教师在提问过程中有意识地调整提问方式的策略。这一策略的具体方式如下：

1.排序

排序指的是教师在课堂提的问题应按照一定的顺序，如从易到难，由浅层问题到深层问题，由封闭性问题到开放性问题，由聚合性问题到发散性问题，既体现出层次性，又引导和顺应了学生的思路。

2.诱导

当被提问者不能立即回答出问题时，教师不应马上将机会转给其他学生，而应该适当调整自己的问题，给出一些提示，帮助被提问者找到答案。这样有助于鼓励学生进行思考，找到解决问题的方法。因此，在具体课堂教学中，教师应了解学生的具体情况，合理使用诱导策略以达到帮助学生学习的目的。

3.转移

转移指的是当被提问者无法回答出教师提出的问题时，教师可以转而提问另一个学生。

4.问后提名

问后提名指的是先问问题，之后稍稍停顿一下，给学生一些思考的时间，再提名学生回答问题的方式。

5.提问不主动的学生

在课堂教学过程中,教师有针对性地提问不主动的学生,如较为腼腆的学生、容易走神的学生、做小动作的学生。教师应多提问这些学生,使所有学生共同参与,进而保证教学活动的顺利开展。

6.变换

变换指的是在进行课堂提问时,教师应该常常变换提问的方式、提问的种类、提名的顺序等,让学生在学习的过程中经常保持新鲜感,也能够给课堂增添活力。

7.增加等待时间

增加等待时间指的是教师发问后,给学生留适当的时间组织自己的答案,这时等待时间不宜过短,但最多不超过 20 秒。

8.全方位注意

提问时,教师应面对所有的学生,让所有学生感觉教师是在对自己说话,从而提升学生的注意力。

(四)评估策略

为了保证课堂提问的有效进行,教师应及时对学生的提问或回答做出评价,我们把这种提供反馈的手段称为评估策略。下面是几种常见的评估策略:

1.鼓励

鼓励是指当学生不能回答问题或回答不得当时,教师应给予学生适当的鼓励和暗示,帮助学生找到答案,而不是冷言相对和批评。

2.表扬

表扬是对学生能力认可的一种方式,教师不仅应该表扬学习成绩好的学生,对于成绩不是很好的学生也应该不吝表扬,尤其是当他们取得进步时,因为表扬能够帮助成绩不好的学生找回自信和学习的热情。另外,需要注意的是,不同年龄段的学生对表扬的需求是不同的。随着年龄的增长，学生更希望获得同班同学的认可，而不是教师简单的口头表扬。

3.引用

引用是一种间接的表扬，教师在陈述答案或者进行总结时，如果能够引用学生的话，是对学生最大的肯定，会令学生获得一种认可感和成就感，让学生更加自信，从而向更高的目标努力。

4.使用身势语

在实际课堂教学中，教师除了使用口头的"表扬"和"引用"，还可使用身势语，例如使用手势、表情等传达自己对学生回答的肯定。

四、传授策略

传授策略是教师在课上呈现新知识、新内容的方法。传授策略根据教学形象、教学内容、教学情景的不同会有所不同，教师应经常改变自己的方式以保证传授策略的灵活多样。常用的传授策略包括以下几种：

（一）先行组织者教学策略

先行组织者教学策略是指在安排学习任务之前呈现给学生引导性材料的方法，即通常所说的导入式教学策略，它是利用旧知识导入新知识的方法，与学习任务相比，它具有更高一层的抽象性和概括性。提供先行组织者的目的就是在于用先前学过的材料去解释、联系和融合当前学习任务中的材料。先行组织者可以是比较性的，也可以是讲解性的，但是在呈现作为先行组织者的概念时，必须仔细解释这些概念结构或命题的基本特征。

（二）探究策略

英语教学过程是学生的探究过程，学生从自身的兴趣出发，通过自身的努力和体验，主动获取知识，并利用这些知识来解决问题。因此，教师可以创设符合学生知识水平的问题情境来激发学生的好奇心和求知欲,引发学生的思考,明确提出的问题。这就是探究策略的内容和要求。这一策略不把学生当成知识的被动接受者,而是让学生成为学习的主人,能够很好地培养学生的自主学习能力。

(三)示范模仿策略

示范模仿策略主要用于发展学生的学习技能。该策略包括四个阶段:动作定向、动作分解、自主练习、技能迁移。如进行语音练习时,教师可以亲自进行示范,或使用录音进行示范,然后让学生模仿训练,达到提升学生语言能力的目的。

(四)解释策略

传授语言信息的方法之一就是解释,语言的规则需要非常明确的解释,这与演绎学习法有着密切的联系。但是这一策略也有其局限性和不足之处,有时候很多学生并不能理解所解释的内容,尤其是当教师进行解释时使用的一些术语学生从未接触过,在这种情况下,解释反而会给学生的理解造成阻碍。

(五)语法教学策略

归纳法和演绎法是掌握语法规则的两种主要手段,相应地,在语法教学过程中,教师可运用归纳教学策略和演绎教学策略来进行语法知识的传授。以下将简单分析这两种教学策略:

1.归纳教学策略

在课堂知识传授过程中,教师可以利用归纳教学策略进行新知识的传授。归纳教学策略主张,只要为学生提供足够的含有要学习的语法规则的语言材料,学生就能够通过查看和理解材料来掌握语法规则,不需要教师进行讲解。例如:学习被动语态时,教师可以事先准备相关的语言材料,在课堂上呈现给学生,让学生自己从中发现规律,并加以陈述,这时教师再及时地进行辅导与讲解，就可以起到事半功倍的效果。

2.演绎教学策略

演绎教学策略是一种常用的语法教学策略，其突出特点是教师直接就语法点进行讲解，然后举例分析其用法。这一教学策略非常适合具有强烈学习动机的学生。而且，当所教授的语法规则比较复杂时，教师在课堂上采用演绎教学策略能够节省时间。值得注意的是，教师在进行讲解时，应简明扼要，并辅以清晰的语言运用实例，不可过多地讲解规则外的情况。

五、课堂评估策略

在教学中，教师通常采用期中或期末测验的方式来检测学生的学习效果。然而，学习是一个过程，最有效的评估时间不是在期中或期末，而是在章节单元的学习过程之中。评估也不应该仅看学生的学习结果，而应该关注学生的学习过程，因而课堂评估更能有效地反馈学生的学习情况，促进教学的顺利进行。课堂评估的高效进行需要切实可行的评估策略做保证。下面是几种常见的课堂评估策略：

（一）一句话概要策略

一句话概要策略用于检查学生对话题的理解水平。这一策略的具体操作步骤如下：

第一，当一个话题活动结束后，教师可要求学生在纸上写一句话来回答有关问题。

第二，教师把学生的回答迅速浏览一遍，并对其进行分析。

第三，教师把自己观察到的信息和分析的问题反馈给学生。

（二）一分钟问卷策略

一分钟问卷策略用于检验学生对具体信息的理解程度，操作简便，省时、省力。具体操作过程如下：

第一，在下课前 2~3 分钟，教师安排学生取出一张纸回答下列问题：

What is the most important point that you learned today?

What important question remains unanswered for you?

第二，教师把答案统一收起来并进行分析。

第三，教师在第二节课上对上一节课遗留的问题进行专门处理。

（三）问题展示策略

问题展示策略可用来了解学生在概念理解上的困难或误解，通过了解学生在解决问题时所使用的策略技巧，来培养学生的思维能力和解决问题的能力。这一策略的具体操作如下：

第一，在一项任务完成后，教师组织学生对自己完成任务的情况进行展示，并让学生写下自己解决问题的过程。

第二，教师收齐学生书面展示的问题，并进行归纳总结。

（四）学生自拟测试题目策略

学生自拟测试题目策略是指教师组织学生根据所学的内容，仿照考试试卷编写试题，检查自己对所学章节知识的理解和掌握程度，同时也对考试有更加深入的了解，教师也可以看出学生对所学知识的掌握情况，这一策略的操作过程如下：

第一，教师组织学生根据所学内容编写试卷，并附以答案说明，可采用小组活动的方式进行。

第二，教师对学生设计的考题进行分析，选择比较具有代表性的问题组织学生讨论，或者将学生的问题进行改编，将其作为考试题目。

（五）学习监控表策略

学习监控表策略用于监控学生的学习行为，可用于任何一个单元的学习过程之中。这一策略的具体操作程序如下：

第一，在每个单元开始学习之前，教师先发给每个学生一张学习监控表，并向学生介绍此表格的用途和操作方式。

第二，学生首先要选择在该章节的学习中自己想达到的等级。

第三，学生根据自己想要的分数和等级，在活动一栏中对打算完成的活动进行选择。

第四，学习过程中学生参照预先给自己制定的目标，及时地在自己所完成的活动上打上标记。

第五，教师要时常提醒学生对自己目标完成的情况进行检查，以调整下一步的学习行为。

（六）协商评定策略

协商评定策略可用于写作教学的课堂评估，它是通过让学生确定评定标准，然后参照自选标准评定自己写作的一种方式。其具体操作步骤如下：

第一，教师通过问卷方式确定评估标准。

第二，学生根据协商的标准修改初稿，并写出第二稿。

第三，教师参照评估标准，对学生的第二稿进行评估。

（七）活动反思策略

活动反思策略用于对听力或阅读活动的评估，在学生听完或阅读完材料之后，教师可向其发放调查问卷，让学生听完材料后回答问卷中的问题，并进行活动反思。

第四章 大学英语教学评价

第一节 大学英语教学评价简述

《大学英语课程教学要求》指出，教学评价是大学英语课程教学的一个重要环节。全面、客观、科学、准确的评价体系对于实现课程目标至关重要。它既是教师获取教学反馈信息、改进教学管理、保证教学质量的重要依据，又是学生调整学习策略、改进学习方法、提高学习效率的有效手段。

对于普通大学英语教学而言，教学评价是其重要的组成部分，这对于基于网络多媒体的大学英语教学也不例外。在网络多媒体环境下，大学英语教学评价的重要目标除了要了解学生的学习情况，以便为下一阶段的学习做出调整和改善，还有一个重要目的是判断学生的学习能力，以便教师对学生的未来状况进行评价。

一、教学评价

（一）内涵

要想了解教学评价，首先需要对评价有一个基本的了解。"评价"这一术语是由美国著名学者、教育家泰勒提出的。对于其定义，不同的学者有不同的观点。但是从提出之日起，学者们就认为评价与测试有着明显的区别，并且评价被认为是一种价值判断。在很多学者看来，评价不仅是一种认知活动，更是认知活动中的一种特殊情况，因为它能够将整个世界的价值揭示出来，并且对这一价值进行创新和建构。

将评价应用到教学中就成了教学评价，对于教学评价，国内外学者给过四种观点：

第一，教学评价等同于教学测验。

第二，教学评价等同于专业判断。

第三，教学评价是一种将实际表现与理想目标进行比较的历程。

第四，教学评价是一种有系统性地去搜寻资料，以便帮助使用者恰当地选择可行的途径的历程。

不得不说，上述四种观点对教学评价研究产生了一定的意义，但是其中有些观点是失之偏颇的，存在一定的片面性。

对于教学评价与教学测验等同的观点，其主要源于在当前的教学评价过程中往往需要借助教学测验这一认识。但是，教学评价与教学测验事实上是存在本质上的区别的，因此将二者等同是存在片面性的。主要有以下两个层面的原因：

第一，教学测验倾向于数量的统计，因而注重具体教学事实的数量化，而那些不能做数量化处理的教学事实往往被排除在教学评价之外。然而，教学评价不仅包含数量分析，还包含确定事物性质，即实现主观评价与客观实际的结合。

第二，教学测验倾向于描写教学现状，从而获取客观事实，而教学评价倾向于对教学情况的判断和解释。

教学评价与专业判断等同的观点，其主要源于教学评价中确实包含评价人员的主观因素这一认识，认为教学评价的目的是分清优劣、明辨是非。但这一观点也存在片面性，因为教学评价不仅是分清优劣、明辨是非，更是从众多的评价因素中找到适合的、具有指导性的评价因素，并做出选择。因此，教学评价与专业判断并不等同。

教学评价是一种将实际表现与理想目标进行比较的历程的说法，较前面两个观点来说具有一定的理性成分。持有这一观点的学者认为，教学评价的基本方法和内容就是对现实与构想进行比较。事实上，这一观点只侧重于对教学效果（已经完成的教学行为）的评价，而未包含对形成教学效果的过程的评价。另外，从评价的操作性上来说，这一说法使得教学评价的概念过于宽泛，导致评价者很难把握评价内容的主次。因此，这一说法也具有片面性，也是不可取的。

教学评价是一种有系统性地去搜寻资料，以便帮助使用者恰当地选择可行的途径的历程的说法，其仍旧存在利弊。其优点在于，强调了教学评价在做出决策层面的意义，但是却容易让人产生教学评价与教学研究等同的认识。事实上，教学评价与教学研究也存在着明显区别。

第一，二者研讨的目的不同，教学研究是为了获得某种结论，目的在于揭示出教学的本质和客观性；教学评价是为了获得某种指导和决策的依据，目的在于指导人们下一步的行动。

第二，二者所侧重的价值不同，教学研究是通过对一种教学活动的研究获得某种结论；而教学评价是为了获取某种教学现象的价值。

（二）特点

1.以教师为主导

众所周知，教学评价是围绕学生进行的，评价的目的是能够提高学生的学习效率，但是教学评价离不开教师这一因素。因为在教学评价中，教师具有很高的自主权，如确定评价内容、选择评价方式、处理反馈信息等，这些情况都可以由教师自主决定。从很大程度上来讲，教学评价是在教师的指导和监督下进行的。

2.以学生为中心

如前文所述，教学评价是通过教师和学生提供的反馈信息来观察学生的学习情况，了解学生某段时间或者某一学期的学习水平，从而在下一阶段的教学和学习中进行改进，不断促进学生进步。从教学评价的目的来看，整个评价都是围绕学生进行的，很好地体现了以学生为中心。因此，以学生为中心也是教学评价的特点之一。

3.特定性

教学评价针对的是具体的教师、学生及教学内容，对一个班级适用的教学评价并不一定适用于其他的班级，对一种课程适用的教学评价并不一定适用于其他课程。这也就体现了教学评价具有特定性。因此，在进行教学评价时，应根据课堂内容、学生特点、学生参与等客观条件进行设定。

4.连续性

教学评价并不是一次性的、间断的，它是具有连续性的。这是因为，为了检测教学内容、方法等是否有效，教师往往进行一次评价之后还会重复进行评价，有时候甚至是三四次评价，形成一个"反馈链"。通过对多次评价的结果进行总结，进而调整教学，必然会提高教师的教学水平与学生的学习效率。

此外，教学评价的连续性还体现在一系列连续的步骤上。一般来说，教学评价包含以下七个步骤：

（1）确定评价对象、评价类型。

（2）明确评价目标、评价内容。

（3）制定评价指标。

（4）实施评价、收集评价资料。

（5）处理评价资料。

（6）做出评价结论。

（7）制定改善对策。

这七个步骤是按照顺序进行的，是具有连续性的，缺少了其中任何一个步骤，教学评价都很难完成。并且，完成这七个步骤后，评价会在更高目标层次上进行循环。

5.选择性

教学评价实际上是一个选择的过程，在评价的过程中要对优劣进行区分，优秀的层面要鼓励，劣势的层面要研究，并进行改进。这样的优劣评定就是一种选择。此外，在评价方式上，教学评价也具有选择性，要根据具体的情况、学生的特点进行选择，避免评价失误。

6.统一性

在教学评价活动中，评价者与被评价者之间是统一的关系。首先，评价者与被评价者在目标上是统一的；其次，他们在教学活动过程中也是统一的。即我们不能将二者对立与区分开来，二者应该协同工作。

（三）内容

1.教师评价

在教学过程中，教师占据主导地位。教师的素质对教学的效果、学生的成长等有直接的影响。因此，对教师素质的评价就成了教学评价的基本内容之一。具体而言，对教师素质的评价主要包含以下几点：

第一，对教师工作素质的评价，包括教学质量、教学成果、教学研究、教学经验等。

第二，对教师能力素质的评价，包括独立进行教学活动的能力、独立完成教学工作量的能力等。

第三，对教师政治素质的评价，包括工作态度、遵纪守法、为人师表、教书育人、政治理论水平、参与民主管理、良好的文明行为、正确的价值观、人生观和世界观。

第四，对教师可持续发展素质的评价，包括教师发展的潜能、自觉追求发展的能力、接受新方法与新理论的能力等。

2.学生评价

（1）学业评价

学业评价是最基本、最传统的学生评价，是指从课程标准所规定的学习目标、学习内容出发,对学生的学习过程、学习成果进行评价。一般来说,学业评价的基础是测量,因为测量能够反映学生的学习过程和学习效果,从而对学生进行价值判断。

为了确保评价状况和评价结果的准确性,学业评价可以采用多重手段,如诊断性评价、形成性评价、安置性评价等,其适用的测量工具也有很多,如自我报告清单、预备性测验、成就性测验等。

但是,就当前的学业评价来说,存在着许多矛盾和困惑,主要体现在评价理念和评价方法上。因此,为了提高学业评价的质量,应该对学业评价的四种模式有一个清晰的了解。

①目标模式

该模式将学业评价看作学生学习结果与预期目标相比较的过程,强调课程目标的价值,因此通常会选用终结性评价。

②主体模式

该模式将学业评价看作评价者与被评价者之间意义构建的过程,强调学生的主体价值,即学业评价的目的在于为学生的自主发展服务,因此通常会选用自参照评价。

③诊断模式

该模式将学业评价看作诊断与改进教学和学习的过程,强调教学诊断的价值,即学业评价的目的在于改进教学服务,因此通常选用诊断性评价。

④过程模式

该模式将学业评价看作评价学生的全部学习过程,强调教学过程的价值,即学业评价的目的在于为学生的社会化发展服务,因此通常会选用过程性评价。

(2) 学力评价

学力评价也是学生评价的一项重要层面,是指学生在学业上达到的程度,如通过学习,学生所达到的知识水平、所获取的技能水平、所具备的学习潜力。

对学生进行学力评价的目的主要包含三点:一是了解学生的学习能力及个

体差异；二是为教师实现既定教育目标提供资料；三是为培养学生的综合能力服务。

可见，开展学力评价不仅对于教师的教、学生的学有重要作用，而且有助于学生进行元认知监控。一般来说，学力评价的手段有很多，如实验法、观察法、评定法等，最常用的手段就是智力测验与标准学力测验。

（3）品德与人格评价

除了学业评价、学力评价，学生的品德与人格也是学生评价的重要内容。在教学中，教师的责任不仅是传授知识，还需要对学生的品德与人格进行教育。因此，对品德与人格的评价就成了学生评价的一部分。这一评价主要侧重于教学内容的思想性和科学性对学生的品德与人格产生的影响和变化的测定。

3.课程评价

科学、有效、合理的课程设置有助于提高教与学的质量，因此对课程进行评价也必然是教学评价的重要部分。课程评价主要是评价课程的价值与功能，但为了提高课程评价的质量，需要对以下三种评价模式有所了解：

第一，行为目标评价模式是由学者泰勒提出的。该模式将确定目标作为中心来组织教学活动和评价。在泰勒看来，预定目标对教学活动起决定作用，而教学评价就是对实际教学活动所达到的目标进行判定，进而通过信息反馈来改进教学，使其更接近于预定目标。

第二，决策导向评价模式，又可以称为"CIPP 评估模型"，它由四项评估活动的首字母组成：背景评估（Context evaluation）、输入评估（Input evaluation）、过程评估（Processevaluation）、成果评估（Product evaluation）。它是由著名学者斯塔弗尔比姆提出的。该模式以决策作为中心，是将"背景－输入－过程－结果"相结合的一种评价模式。在斯塔弗尔比姆看来，泰勒的行为目标模式也应该将目标本身作为评价对象。

第三，目标游离评价模式，又可以称为"无目标模式"，是由学者斯克里文在对行为目标模式进行批判的基础上提出的。在斯克里文看来，为了尽量降低评价中主观因素的影响，不能在方案制定和设计中将活动目的告诉评价者，使评价不受预定活动目标的影响。

4. 教学过程评价

（1）对教学过程的系统性评价

对教学过程的系统性评价是以某一课时、某一章节的教学目标和内容为单位，对课前学习、课堂教学、课后练习等一个完整的教学过程的系统性分析和整体性评价。也就是说，这一评价虽然将教学环节、教学活动等囊括在内，但是更强调教学过程的系统性与整体性。

（2）对教学过程各个环节的评价

对教学过程各个环节的评价是对教学过程中的课前学习、课堂教学、课后练习、课外学习等各个环节进行观测和评价，目的在于引导教师对各个环节的教学活动都有一个精心的设计和把握，使各个环节的教学活动都更有意义。

5. 教学管理评价

教学管理评价对于教学工作来说也有着重要意义，为教学管理工作指明了方向。要想恰当、准确地对教学管理进行评价，首先需要了解教学管理的概念。所谓教学管理，是指以教学的规律和特点为依据，对教学工作进行计划、组织、控制和监督的过程。而教学管理评价就是对这一过程和结果进行评价。通过教学管理评价，评价者可以发现教学管理中的问题，并及时对当前的教学管理工作进行改进和加强。

在进行教学管理评价时，需要明确以下两个层面的内容：

（1）评价的内容

教学管理评价包括对教学课堂的管理评价、对学校及下属单位教务管理的评价。

（2）评价的指标

教学管理评价的指标应该是科学的、合理的。一般来说，评价指标包括教学计划、教学规章、教学检查、教学实施、教务工作等。

二、网络多媒体教学评价

（一）网络多媒体教学评价的理念

理念不同，其评价的出发点也不一样，必然会对教学评价标准的建立产生影响。网络多媒体教学评价建立在建构主义理论的基础上，其出发点是学生，着重点在于过程评价和全方位评价。基于网络多媒体教学评价的一切活动都是围绕是否有利于学生这一问题展开的。简单来说，其评价的理念就是以学生为中心，这是该评价首先需要遵循的原则。

（二）网络多媒体教学评价与传统教学评价的不同

与传统教学评价相比，网络多媒体教学评价具有两方面的特点。首先，评价方法不同，主要表现在信息收集和处理的手段不同。由于网络多媒体技术的融入，其评价的信息更具有全面性和便捷性，各种新型的评价方法为评价活动注入了新的活力。其次，网络多媒体教学评价更具有及时性和灵活性。网络多媒体教学系统可以根据评价结果进行及时的更新，对教学调整也更具有灵活性。但是，由于网络多媒体教学的师资力量不足，因此其实际的效果并不能让人非常满意。

（三）基于网络多媒体的大学英语教学评价标准

当前，开设网络多媒体英语教学平台一般不包含教学评价这一层面，而教学评价仍旧由教师来进行，这一点与传统英语教学评价并没有多大区别，导致网络多媒体技术在大学英语教学评价中并没有充分发挥作用，因此也就不能算是网络多媒体英语教学的有效评价。

一般情况下，理想状态下的网络多媒体教学评价应该以计算机、网络作为支撑，其信息处理与收集等环节都应该由计算机完成。但是，就当前的网络多媒体教学评价来说，其仍旧以教师为主体，因此只能将其看作网络多媒体教学评价的初级阶段。随着需求的增长以及英语教学的发展，基于网络多媒体的大学英语教学评价已经是教学评价的必然趋势。

综上所述，可以将网络多媒体教学评价定义为：以计算机、网络等技术作为支撑，为了促进学生的学习，对与网络多媒体教学相关的一切要素进行收集与处理，并根据一定的教学目标、教学评价标准，对收集和处理结果进行科学评判的一项活动。

三、基于网络多媒体的大学英语教学评价的意义

网络多媒体教学是网络多媒体技术与现代教育理论相结合的产物。而为了使网络多媒体技术能够更好地为大学英语教学服务，必须要了解如下几个问题：

第一，解决网络多媒体教学的信息资源问题。

第二，解决网络多媒体教学的课程改革问题。

第三，解决网络多媒体教学中师资力量的培训问题。

第四，及时对网络多媒体教学进行评价。

因此，基于网络多媒体的大学英语教学评价有着重大意义，是当前网络多媒体教学的重要组成部分。

首先，基于网络多媒体的大学英语教学评价能够监控学生的学习、保证学生的学习质量、促进学生的发展。根据学生在学习活动中的各种表现，对其学习过程、态度、效果等进行评价，有助于为学生调节、计划、指引、改善学习模式提供支持。根据评价的结果，教师能够更有效地指导学生学习英语，以弥补自己学习中的不足，将学生的潜能最大限度地挖掘出来。

其次，基于网络多媒体的大学英语教学评价还有助于促进教师的专业发展。因为，教师评价的目的主要是对教师工作现实和潜在价值做出判断。

四、基于网络多媒体的大学英语教学评价的前提

（一）教学系统应满足的基本要求

网络多媒体教学系统应具备如下基本功能：

第一，制作、收集、管理、存储各类多媒体素材和教材，这些信息可以随时提供给系统和多个终端。

第二，通过系统中的任意一个多媒体终端机，为教师备课和优化教学设计创造良好的教学环境。

第三，设置网络多媒体终端机和显示设备，为开展网络多媒体课堂教学提供有利条件。

第四，学生利用交互式的网络多媒体教学终端机，不仅可以进行查询、补课、复习，还可以利用各个学科软件配合相应的设备开展小组教学，进行仿真练习。

第五，该系统可以为各科教师的教学、研究人员的科研提供各种类型的资料，为教学管理、科研工作提供有力的支持。

（二）教师应满足的基本要求

教师是教学的组织者，在教学中起着重要的指导作用。在网络多媒体环境下，知识的传递、信息源等都来自网络多媒体，教师需要运用计算机进行正确指导，让学生学会使用网络多媒体设备，以获取需要的信息。

（三）学生应满足的基本要求

在教学过程中，学生的身份首先是教学的对象，教学的效果和质量都可以从学生的学习效果上看出来。在教学活动中，学生是教学活动的出发点和落脚点。在网络多媒体环境下，学生在教师的指导下按照自己的学习进度来控制自己的学习进程。因此，教师应该让学生掌握计算机的操作和使用，并抓好计算

机的阅读和写作方法,让学生自觉按照自己的进度来解决学习中出现的问题。

(四)教材应满足的基本要求

在网络多媒体教学中,其不仅包含书本、音像教材,还包含多媒体教材。对于多媒体教材来说,需要满足如下几点要求:

第一,多媒体教材要满足教学性的要求,即选题要恰当、重难点要突出、要具有启发性和能够促进思维能力的发展等。

第二,多媒体教材还需要满足科学性的要求,即内容要正确、要符合逻辑、要层次清晰、要符合场景等。

第三,多媒体教材还需要满足技术性的要求,即声音、图像等设计要合理,画面要清晰,声音要清楚,声像要同步。

第四,多媒体教材要满足艺术性的要求,即创意要新颖、节奏要合理、媒体要选用恰当、要具有表现力和感染力。

第五,多媒体教材要满足使用性的要求,即界面要友好、容错能力要强。

(五)教学媒体应满足的基本要求

在选择和使用教学媒体时,需要满足如下要求:

第一,教学媒体要坚持最小代价原则,一是在内容上要满足教与学的需要,二是所花费的人力、物力、财力等要最少。

第二,教学媒体要坚持共同经验原则,即选择的教学媒体应该与学生固有的经验有着某些共同的地方。

第三,教学媒体要坚持多重刺激原则,即从不同侧面、不同角度,使用不同方式将同一内容表达出来。

第四,教学媒体要坚持抽象层次原则,即教学媒体所提供内容的抽象和具体程度都有不同层次、不同等级。

（六）教学方法应满足的基本要求

由于网络多媒体教学的主要应用模式有小组教学、课堂教学、个体化教学等，因此教学方法设计时应该根据学生的具体特点而定，只有这样，才能激发学生的兴趣，加强学生记忆与理解。

五、基于网络多媒体的大学英语教学评价的内容

（一）教学质量

教学质量是指为了适应社会发展的需要、学生个体的素质需要，以及学校需要，采用多种教学活动以达到预期的程度和结果。教学质量是高是低，可以从学生所实现的教学目标中体现出来。因此，对基于网络多媒体的大学英语教学质量进行评价就是检测教师是否实现了教学目标、学生是否实现了学习目标。

（二）教学效率

教学效率是指教师在一定时间内完成自己的教学任务，而学生在一定时间内学到自己想要学的知识。对基于网络多媒体的大学英语教学进行评价需要从两个方面着手：

第一，教师在一定时间内完成了多少教学任务，以及完成整个教学任务需要的具体时间。

第二，学生在一定时间内学到了多少知识，并掌握了多少知识，以及学到全部知识需要的具体时间。

（三）教学收益

教学效益是指教学的投入与产出的比例。教学的投入主要涉及教师的人数、用于购买教学设备所需要的资金、教学场所的占地；教学产出涉及学生的

质量与数量。为了方便进行定量分析，学校可以设定一定的教学目标作为参照，以评价教学效益，即可以使用教师与学生的比例、资金与学生的比例、场地与学生的比例等参照指标进行综合收效的评估。

六、基于网络多媒体的大学英语教学评价的原则

（一）发展性原则

发展性教学评价原则是根据发展性理念，提出一定的发展性目标和发展性的评价方法和技术，对教学过程中的教与学的状态进行价值评判。与传统教学评价指标不同，发展性教学评价不仅注重教师的主导地位，还注重学生的主体地位，对学生进行学习评价是发展性教学评价的核心。

在基于网络多媒体的大学英语教学中，教师应该构建创造性、教育性、操作性、实践性的以学生为主体的教学形式，让学生主动参与思考，且主动实践，以实现学生的综合能力发展。过程与方式、知识与技能、情感与价值观是发展性教学评价原则的重要内容。

（二）差异性原则

由于受生活环境、家庭背景的影响，每位学生都有着自身的个体特征，即每位学生都存在着自身的差异。另外，在教学过程中，教师对不同的学生也会有不同的指导，这也是导致学生的发展存在很大差异的原因之一。因此，针对这一情况，在进行教学评价时，需要遵循差异性原则。

在基于网络多媒体的大学英语教学评价中，教师首先对不同学生存在的不同差异性有一个基本的认识，并根据不同学生的水平和要求来制定不同的学习要求，在这一基础上建立一种和谐、平等、尊重、理解的师生关系，有利于构建良好的课堂教学氛围。在这样的教学氛围中，学生能够积极地发表自己的观点和见解，在教师的鼓励下充分发挥自己的个性。

对于学习能力较强的学生而言，教师给予适当的指导即可，从而更好地促进学生的长远发展。

对于学习能力较弱的学生来说，教师需要不断地激发学生的学习潜能，灵活地运用各种教学手段调动学生的主动性与积极性，最终不断地提高学生的学习能力。

（三）导向性原则

教学评价是根据一定的教学目标制定的，通过对比现状与目标间的距离，能够促进被评价对象不断与既定的目标接近。因此，教学评价具有导向的功能。

基于网络多媒体的大学英语教学评价并不是单一的评价问题，其评价目标也不仅仅是评优与鉴定，而是在此基础上引导教师更新观念，将新的观念在具体的教学过程中展现出来，也激励教师在内心深处产生一种研究欲望。在对教学活动的评价上，教师需要充分调动教师和学生双方的积极性和主动性，力求为教学双方在教学活动中展现自身的潜质，构建出恰当的评价方法与体系。但是，在构建评价体系标准的过程中，发挥评价的导向原则是必然的，并将这一原则贯穿始终。

（四）开放性原则

在网络多媒体的大学英语教学中，开放性是最重要的特征。在基于网络多媒体的大学英语课堂，学生的心态、思维等处于开放状态，教师也需要将学生的思考、体验、领悟、探索等能力激发出来，因此对其评价也必然是开放的。

开放性教学评价虽然遵循了教学评价的基本标准，但是并不是统一不变的。例如，开放式的课堂导入强调开放的发散性、合理性与深刻性。在这样的教学中，教师要注重学生的个性化，鼓励学生展开发散性思维，主动展开探究性学习和合作学习；对于教学中的提问，学生也愿意主动回答，内容也强调延伸性和推进性；在作业的布置上，教师要保证内容的拓展性和实践性。从这些层面来看，英语教学都坚持了开放性原则，符合开放性标准，有助于教师和学生形成符合自己特点的教学和学习风格。

（五）客观性原则

基于网络多媒体的大学英语教学评价需要坚持客观性原则。教学评价的客观性原则是指在评价中不能主观臆断，而应该实事求是，不能掺杂个人的感情。

在基于网络多媒体的大学英语教学工作中，教学评价具有很强的科学性。一般来说，评价是否具有客观性往往对教学效果产生直接的影响。如果评价是客观的，那么就有助于促进教学目标的实现；如果评价是不客观的，那么教学就会远离预定的目标。因此，在教学评价中必须坚持客观性原则，即要求教学评价要根据一定的教学目标来确定评价的标准，并结合多重因素，考虑该标准能否得到人们的认可。评价的标准确定之后，任何人不得更改，这就能较好地体现客观性原则。

（六）针对性原则

教学评价具有明确的针对性，其往往是针对教学中的具体问题进行的，这在基于网络多媒体的大学英语教学评价中是非常明显的。对于教师和学生而言，如果教学进行得非常顺利，师生之间也配合得更为默契，那么就需要进行教学评价，以帮助教师和学生总结经验，便于推广；如果教学进行得不顺利，师生之间出现了较多问题，那么也需要进行教学评价，从而帮助教师和学生解决教与学的问题，便于以后克服这些问题。

此外，如果教师改变了教学方法与手段，也需要进行教学评价，以确定该教学方法是否发挥了效果；如果学生积极性不高，也需要进行教学评价，以增强学生学习的自信心，活跃课堂气氛，扭转这一教学局面。

总之，基于网络多媒体的大学英语教学评价具有极强的针对性，但是它针对的不是积累层面，而是过程层面；不是结论层面，而是诊断层面；不是总体层面，而是具体层面。

第二节 大学英语教学的评价标准

对基于网络多媒体的大学英语教学进行评价，必然会关注评价的质量，即是否真正地改进了教学状况，是否反映了学生的进步情况，是否为教学提供了可靠、有效的信息等。这些就需要基于网络多媒体的大学英语教学评价遵循一定的标准。

一、一般评价标准

（一）信度标准

1.稳定性信度

稳定性信度是指测验结果的跨时间的一致性程度，即使测验进行的时间、场合不同，其结果应该大体上是一致的。为了考查在不同时间评价结果的稳定性程度，往往需要间隔一周到两周的时间，然后再进行重复的测验。因此，稳定性信度又可以被称为"重测信度"。

一般来说，计算稳定性信度的方法有以下两种：

第一，计算第一次测验与第二次测验之间的相关系数。

第二，求两次测验间分数所处类别没有变动的人数比重（按百分比计算）。

这种确定信度的方法被称为"类别一致法"，用以确定哪些学生可以不用再学习某些知识点的情况。

2.复本信度

复本信度是指等值的测验复本间的一致性，该信度主要解决两个等值复本或多个等值复本间是否是真正等值的。但是，对同一测验进行重复使用是不公平、不合理的，因为后一批接受测验的学生有更多练习的机会，他们的测验结果也会明显高于先前接受测验的同学。基于这一问题,教育者往往会选用复本。

一般来说,对复本信度进行确定的步骤与上面的计算稳定性信度的方法有些相似之处:

第一,给同一组被测试者两个测试复本,但两次测验间最好间隔较短,或者没有时间间隔。

第二,得到被测试者的两次测验的分数,计算两个复本间的相关系数。

3.内部一致性信度

内部一致性信度与稳定性信度、复本信度不同,其关注点并不在于被测试者在测验分数上的一致,而是着重于测验题目之间在功能上的一致,即测验题目的同质性。并且在测试次数上,稳定性信度和复本信度需要测试两次,而内部一致性信度只需要测试一次即可。

在教学评价中,信度是核心概念之一。如果一个测验的信度较低,那么根据测验的分数是得不到准确答案的。因此,务必注意:评价所连带的利害关系越大,就越需要对信度予以更高的关注。

(二)效度标准

1.内容关联效度

内容关联效度是指测验内容对所要推论的评价范围的代表程度。其中评价范围主要包含知识、态度、技能等。因此,在确定测验内容的代表性、抽取样本进行检测时,评价范围中的所有内容都具有应用性。一般来说,对内容关联效度进行证据收集的办法有两种:一是通过外部评价;二是通过测验编制,从而确定内容关联效度。

2.效标关联效度

效标关联效度是指评价成绩对学生在外部效标成绩上的预测程度。这与前面所述的内容关联效度类似,其能够指导测试者决定他们可以从多大程度上相信以成绩作为基点地对学生的推论情况。但是,在证据收集上,效标关联效度与内容关联效度还是存在明显区别的。效标关联效度只应用于需要根据评价结果来预测学生在之后的效标变量中的表现，因此，它是具有明确使用范围的。一般来说，效标关联效度最普遍的应用形式就是对学生能力倾向测验的情况进行计算，进而与后来的学业成绩进行对比。

3.结构效度

结构效度是指经验性证据对某种结构的存在性进行确定的程度，以及运用评价工具对这一结构进行测量的程度。一般来说，结构效度的证据收集往往是非常直接的，主要包含如下两个步骤：

第一，根据已经理解的被测试结构的运行机制，对被测试者在这一测验上的表现程度进行一个或者两个假设。

第二，对经验性证据进行收集，并检验上述假设能否证实。

在方法上，搜集结构效度的证据往往会采用不同群组法、干预法、相关测验法。

第一，不同群组法，是由于不同的人群其结构概念的表现不同，因此其测验的结果也应该不同；

第二，干预法，是在接受某种干预后，被测试者在评价中的表现会呈现不同的变化；

第三，相关测验法，是指由于两个测验测的是同一结构，因此其测验的结果应该存在着某些相关性。

总之，从测验的发展历史上说，人们习惯将信度与效度作为测验的标准，其实它们还是评价标准。从微观层面上来说，信度和效度是保证评价质量和方法的需要；从宏观层面上来说，信度和效度是评价学科发展的历史必然。

二、特殊评价标准

（一）可用性标准

可用性标准涉及8个子项目，即导航、反馈提示、帮助、定位、链接效率、链接外观、文本作品的质量、易读性。

（二）技术性标准

技术性标准涉及 6 个子项目，即技术要求、安装、卸载、响应、可靠性、从 CD-ROM 或 DVD 中退出。

（三）教学性标准

教学性标准涉及 18 个子项目，即学习目标、维持动机、阐明学习内容、引起兴趣和注意、应用要求、引出相关知识、提供练习、演示范例或例子、促进无关知识的迁移、促进相邻知识的迁移、提供综合训练的机会、无关知识迁移的反馈、相邻知识迁移的反馈、提供反馈、对学习的评价、消除认知负载、提供教学帮助、媒体的运用。前文已经提到过，教学性标准是使用最多、最重要的标准。

第三节 大学英语教学的评价方法

在网络多媒体环境下，对大学英语教学实行多元化评价方式是大势所趋。就目前来说，基于网络多媒体的大学英语评价方法有很多，下面就对这些方法展开论述：

一、学生自评

在基于网络多媒体的大学英语教学评价中，学生自我评价是一个重要的方法，体现了以学生为中心的教学理念。通过自评，学生不仅能够发现自己学习中的问题，寻找改进措施，教师还可以了解他们的学习态度和成果。

自我评价的内容包括学习过程、学习态度、学习手段、努力程度、学习优缺点、学习结果等。在自我评价中，教师需要做到两点：一是根据评价目的制定自我评价表，引导学生进行自我评价；二是通过与学生讨论自我评价的结果和过程，了解学生的学习态度。

一般情况下，自我评价法往往采用电子自评表和自我学习监控表两种工具。

（一）电子自评表

电子自评表对于教学评价的效率来说至关重要，而且操作起来也非常省时、方便。一般来说，教师可以选择在网络多媒体课程结束之后发送给学生，让学生对自己的学习情况进行自评。

（二）自我学习监控表

自我学习监控表是对学生学习过程进行监控的表格，在大学英语教学评价中有着十分重要的作用。其具体分为如下步骤和注意事项：

第一，使用该表前，教师需要向学生介绍该表的用途和操作方式，便于学生认识和使用。

第二，在学习新单元之前，教师可以让学生从自己的实际情况出发，提前制定一个理想的目标，然后在活动栏中写上自己的预期任务。在之后的学习过程中，学生可以根据这些任务和目标监控自己的学习进度。

第三，尽管在使用学习监控表时，完成预期目标和任务是学生的事情，但是教师也需要参与其中，需要时刻提醒学生对自己的目标和任务进行检查，为他们调整下一次的目标和任务给予指导意见。

二、同学互评

网络多媒体辅助下的大学英语教学注重同学之间的协作。因此，通过其他同学对其进行评价也是很重要的一种评价方法。

同学互评这一评价方式主要是通过学生之间的了解、合作和沟通来实现的。因此，在同学互评中，沟通和合作技能是非常重要的两个因素。这是因为，不同学生的沟通能力与合作态度存在差异，再加上同学之间的信任程度也不同，因此进行同学互评是需要一些时间培养的。在首次同学互评时，教师可以采取措施辅助执行。

需要注意的是，同学互评需要遵循一定的原则。例如，在谈论自己的观点和发表评论时，学生不能主观臆断，应该有理有据。因此，教师可以同时让几个学生来评价一个学生，每个评价者都需要根据客观事实来写评语，并且评语的重点应放在被评价者的优点和改进意见上。

三、作品集学习评价法

任何评价都需要遵循真实性与可靠性的原则。

真实性主要是要求评价内容与评价形式应体现和反映教学目的，如果评价的真实性高，那么其不仅包含了所有该评价的内容，而且其采用的形式和方法也能够对这些评价的内容做到真正的评价，并且将被评价者所掌握的知识与技能也真正地反映出来。因此，真实性是评价需要达到的基本要求。可靠性是针对评价结果的一致性和连续性来判断的，它要求某一评价工具在不同地点、不同时间使用时应达到一致的结果，并能够通过具体的数据体现出来。

真实性与可靠性的原则为基于网络多媒体的大学英语评价手段的设计与运用提供了重要依据，其中作品集文化学习评价法就是真实性与可靠性的最好体现，是一种综合性的评价方法。

在一些西方国家，作品集评价法已经有很长的历史了。1972年，美国最早使用这一方法是为录取美术专业学生而设计和实施的。并且，这一方法已经得到了很多高等院校的认可。当前，作品集评价法已经拓展到多个领域，如阅读、写作、教师培训等。对于中国的教育领域来说，教育者及研究者也认识到这种评价方法的优势。例如，在大学录取时，除了要考虑学生的高考成绩，还要考虑学生曾经取得的荣誉以及自身的特长。就目前来说，考试成绩仍旧起决定和主要作用，作品集评价法往往只是作为一种参考，但这一方法已经成了一种新趋势、新动向，相信在不久的将来，这一方法也会在中国兴起。

作品集评价法实际属于一种形成性评价，即教师与学生以学生在一段时间内按照教师和自己的要求，完成一系列系统的工作、学习日记、研究报告、测试等为基础，对学生这一段时间所付出的努力、学习的态度、学习的方法、收获的成果进行评价。从评价的依据、目的来说，这一评价方法是一个可靠的、真实的、全面的方法。

作品集评价法有如下几个特点：

第一，以目标为基础。

第二，是学生学习愿望与学习进展情况的反映。

第三，是学生学习项目、代表作品、学习情况、测试记录的汇集。

第四，是学生进步的证明。

第五，跨越一个教学时段。

第六，便于反思与反馈，有利于提高与改善学生的学习水平。

第七，用途广泛，且灵活多变。

作品集评价法的这些优点对于教师和学生而言有着重大意义。

首先，使用作品集评价法，学生的学习态度、学习过程、进步程度、学习深度与广度都能够体现出来，这在标准化笔试中是很难体现出来的。并且，通过对参与评价内容、评价目标的确定，学生对自己的学习任务有一个清晰的把握，更能督促自己全心全意地完成学习任务，为自己的学习目标努力。可见，作品集评价法有助于调动学生的积极性和主动性，督促学生对自己的学习负责，更好地实现自主学习。

其次，作品集评价法有利于教师对教学任务有一个更好的设计和控制，从而创造出更好的学习气氛。这是因为，教师扫除了自身标准化评价的压力，将更多的注意力集中于教学活动的设计和教学气氛的营造上，有助于构建生动形象的、学生喜欢的课堂环境。

对于网络多媒体环境下的大学英语教学而言，作品集评价法可谓雪中送炭，因为它帮助当前的大学英语教学评价走出了困境，与其称之为一种方法，不如称之为一种新思路、新观念。那么，在基于网络多媒体的大学英语教学中，如何实施作品集文化学习评价法呢？可以从学期开始、学期中间、学期结束三个角度来考虑，其中包含以下三个步骤：

第一，学期开始，确定作品集内容；确定作品形式；确定评价的标准；确定时间计划。

第二，学期中间，学生按照计划完成学习任务；教师对学生予以指导；教师与学生进行面谈。

第三，学期结束，教师将电子评价表发给学生，让学生进行自评；交换作品集，学生间进行互评；教师对作品集进行终评。

以下是对以上步骤的逐一说明：

（一）确定作品集的内容

作品集的内容就是基于网络多媒体的大学英语教学的内容，是英语教学目的的反映。在网络多媒体环境下的大学英语教学中，教学目的包括语言知识、语言技能、文化知识等层面，因此评价所用的作品集应该能够反映出学生为了实现这些目的而付出的努力、增长的知识、增长的能力、完成的任务情况等内容。因此，作品集的内容主要取决于教学目的、教师、学生等因素。

（二）确定作品的形式

证明学生学习过程、学习效果的形式有很多，除了传统的标准化测试，调研报告、学习日记、学习档案袋、学习成果展示、团队合作项目等也是比较好的形式。这些形式可以是口头的，也可以是书面的；可以是实物的，也可以是声像的；可以是历时的，也可以是现时的；可以是探索性的、实验性的，也可以是描述性的；等等。评价内容不同，其采用的评价形式也不一样。例如，要想评价学生的跨文化交际能力，观察描写法、角色扮演法都是比较好的方法。

另外，作品的形式还取决于教师与学生对不同评价形式的熟悉程度。当然，教师应该对学生进行指导和培训，尽可能地使用更多不同的形式。

（三）确定评价的标准

传统的标准化测试的最大优点在于：有明确的标准，易于评价。而其他非定量的测试往往具有较强的主观性，很难保证可靠性。虽然有这些问题，但近年来，随着口语测试、写作测试研究的深入，针对非标准化测试、非客观测试的可靠性已经开发出了一些较好的评价标准。这些评价标准往往是针对知识、态度、能力等评价项目来说的。

（四）确定时间计划

与传统大学英语评价方式不同，作品集学习评价法是从学期开始延续到学期结束，其主要包括很多内容与形式，因此在学期开始之前，教师应该让学生确定整个计划。学生在与教师确定各个项目的标准、形式、时间的过程中，自然而然地就成了学习评价的参与者，他们不仅清楚自己的学习任务，而且由于自己之前已经参与到制定标准与计划中，因此在执行的时候也比较轻松和主动，积极性较高。

（五）学生按照计划完成学习任务

评价活动不仅仅是在课内进行的，也有很多是在课外进行的。如介绍、演讲等往往是在课堂上进行，而课外阅读、课外听力、学习日记和写作练习等是在课外进行的。但是，无论是在课内进行的评价，还是在课外进行的评价，学生都需要按照一定的时间计划来逐一进行。

（六）教师对学生予以指导

虽然评价内容、评价形式、评价标准、时间计划等都已经得到了确定，但是需要教师的帮助，不能任由学生独立完成。由于每一个评价项目都包含英语知识与技能的评价要点，因此教师需要教授和引导学生理解每项学习任务的目的与意义，并且对评价标准予以重申。只有在这样的指导下，学生才能把握基于网络多媒体的大学英语学习的要点，掌握英语学习的技巧和方法，按时完成学习任务，更好地实现英语教学的目标。

（七）教师与学生进行面谈

学生在完成任务的过程中，教师还可以和学生进行面谈，了解学生任务的进展情况，并解答学生在执行任务时所遇到的问题，做到因材施教。当学生与教师进行单独交谈时，往往可以畅所欲言，向教师如实地表达自己的学习体会。同时，通过这样的交流，教师也可以了解学生的学习情况，指出学生学习中的缺点和不足，并帮助学生解决学习任务中的问题。

另外，这样的交流也可以拉近教师与学生间的距离，使学生不再惧怕教师，而是愿意与教师亲近。在基于网络多媒体的大学英语教学中使用作品集学习评价法，学生的最终成绩是根据整个学期学生完成的各项学习任务来评定的，在这个过程中，教师如果能够与学生多进行几次面谈，并给予学生足够的鼓励和建议，那么总会比任何不做要好，而且能够体现出这是教师与学生共同努力的成果。

（八）根据评价表，学生进行自评

当学期结束之后，所有学习任务的作品集都已经完成，这时候教师需要将评价表发给学生，让学生根据自己的学习情况、任务完成情况及任务过程中的表现进行评价。

通过学生的自评,不仅有利于让学生回顾自己的学习过程和所取得的成绩,并进行反思,还有利于学生发现自身的不足,明确以后努力的方向。

(九)交换作品集,学生间互评

网络多媒体环境下的大学英语教学更加推崇学生与学生间的相互学习。通过阅读和学习其他同学的作品集,学生不仅可以了解他人的学习情况和取得的成就,还可以反思自己的不足,从而做到取长补短。

另外,在对他人的作品集进行评价时,学生会对评价标准进行斟酌,力求给出一个公正、客观的成绩,这也就构成了学生再学习的机会。

(十)教师对作品集进行终评

事实上,在整个学期中,教师都在对学生的英语学习进行评价,因为每件作品和每次学习活动,教师都需要对其进行批阅和评价。而学期结束之后的评价,是教师对学生之前的情况的综合评价,是在参考学生自评、同学评价的基础上进行的最终评价。

综上所述,作品集学习评价法是一种人性化、用途广泛的评价方法,符合以学生为中心的理念,适用于学生英语学习的各个阶段。

四、专门调查法

专门调查法也是形成性评价的一种手段,它比观察法更为直接——主要是为了调查学生的学习行为、学习活动、学习兴趣等,也是一种有效收集数据的方法。但是,专门调查法一般具有针对性,主要采取的评价工具有调查问卷和访谈或座谈。

当学生根据网络多媒体课件学习之后,教师可以采用调查问卷的形式进行评价。调查问卷是向学生提出一系列的问题,并要求学生回答问题,从而获取信息的评价手段。访谈或座谈是教师通过与学生进行面对面交谈来获取信息的评价手段。

五、学习日志

  学习日志和众所周知的学习日记不同，它是指学生学习过程的档案记录，主要是对学生学习行为的记录。学习日志可以根据教师的模板制定，也可以学生自己制定，但是其记录的过程都是需要学生自己来完成。

  通过采用多元化的评价手段，课程设计者认识到多种评价方式对大学英语课程改革的重大意义，在课程设置、教学安排和教材选择等方面有较大的改变。现阶段，大学英语教学正处于改革的新阶段，公共外语向专业外语靠拢，开设英语技能实训课，开展一些实践性较强的英语技能训练。多样化的评价手段使得教师的教学质量有所提高，并且提高了网络多媒体辅助教学的质量；教师鼓励学生积极参与课堂和课外活动，进行网络多媒体教学实践；促进教师参与课堂教学和教学评价的相关研究。

  多种评价手段同样增强了学生学习英语的兴趣和动机；学生开始有意识地自主安排学习，探索有效的学习策略；提高了学生合作学习的意识。大学英语网络多媒体教学评价手段的运用，是对学生网络多媒体学习过程的一种支持，为网络多媒体学习提供了有效的评价工具，有利于协调学校、教师和学生之间的关系，建立三者之间的相互联系，从而促进大学英语教学改革的有效实施。

第五章　大学英语个性化教学

第一节　大学英语个性化教学的理论基础

在英语教学中,"个性化教学"要求教师必须充分尊重并且发挥学生的学习积极性,重视学生个性发展,并通过教学引导学生明白自我求知的重要性,达到个人全面发展的目的,同时培养学生学会主动获取信息并独立思考的能力,促进知识、能力和人格的协调发展。

英语教学的主要作用是开阔学生的视野,让他们学会用英语进行信息沟通,并且提高学生多方面的交际能力。而对学生而言,每个学生的知识结构和兴趣爱好,甚至对新知识的获取能力等方面都不同,因此在教学的过程中不能"一刀切",应该坚持个性化教学,以学生的个性作为前提,努力培养学生学习英语的积极性,让学生主动思考,进而逐步达到教学的最终目的。

大学英语个性化教学要求教师遵循个性化教学的相关理论,尽可能地尊重每一个学生的个人价值,最大限度地挖掘他们的潜力。这种教学方式不仅能提高学生的学习效率和接受新知识的速度,挖掘学生的发展潜力,还可以培养学生的独立思考能力和创新能力,从而提高他们的综合素质。

一、建构主义理论

（一）建构主义理论的基本观点

建构主义理论不同于传统的学习理论和教学思想，对教学具有重要的指导价值。建构主义强调学习者的主动性，认为学习是学习者基于原有的知识和经验生成意义的过程。建构主义的最早提出者可以追溯至瑞士的皮亚杰。皮亚杰是认知发展领域最有影响的一位心理学家。皮亚杰认为儿童通过与周围环境相互作用，逐步建构起关于外部世界的知识，从而使自身认知结构得到发展。

皮亚杰认为儿童与环境的相互作用主要包含两个基本过程——"同化"与"顺应"。他指出，同化是指个体把外界刺激所提供的信息整合到自己原有认知结构内的过程；顺应是指个体的认知结构因外部刺激的影响而发生改变的过程。同化是认知结构数量的扩充，而顺应则是认知结构性质的改变。学习者通过同化与顺应这两种形式来使自身的认知达到与周围环境的平衡。当儿童能用现有图式去同化新信息时，他处于一种平衡的认知状态；而当现有图式不能同化新信息时，平衡即被破坏，现有的图式不得不修改或创造新图式的过程就是寻找新平衡的过程。

建构主义理论认为，知识是通过建构获得的，而不是通过接受传输而来的。建构知识是人类的天性，人们总是用建构的方式，即运用已有的知识和经验，去认识和理解他们所处的现实世界。从本质上说，教学不是一个传授知识的过程，而是一个由教师帮助学习者依据自身的经验建构意义的过程。由于人们总是依照所经验的情境去解释意义和获得信息，因而不能把对事物或现象的理解与经验活动割裂开来。活动是人与情境产生互动作用的中介，人们所建构的意义来源于经验与情境的互动活动。学习必须有具体的情境，包括学习时的情绪体验，如激奋、担忧、恐惧、快乐等。建构主义认为，个人的意义建构过程是独一无二的，因为每个人的体验都是个性化的、独特的。这意味着知识的建构是个人化的，无法由他人替代。

建构主义理论认为，知识的建构需要对所学内容进行阐释、表达或展现，这是建构知识的必要方式，也是检验知识建构水平的有效方式。对真正有益的知识建构来说，学习者必须认真思考他们在学习什么，并阐释其中的意义。阐释的结果通常是语言的，但也可从系列视听学习媒体中建构经验或理解。阐释的过程也是一个反思的过程，计算机工具可以有效地支持学习者的反思过程。此外，作为个体的学习者，其学习的效果也会受到共同体的影响。在知识建构共同体中，只有为共同体所认同的观点才能被接受。因而，评价个体知识建构的有效性应该有多重的标准，应当避免个体新颖、奇特的观点被共同体和单一评价标准所遮蔽或扼杀，而应最大限度地激励个体建构的积极性，发掘个体知识建构的价值。尽管不同的建构主义学派研究问题的侧重点与角度有所不同，但其观点都强调学习者应基于自己与世界相互作用的独特经验和赋予这些经验的意义去建构自己的知识。学习是心理的积极运作，而不是对教学的被动接受。由于建构主义所要求的学习环境得到了当代最新信息技术成果的强有力支持，这就使建构主义理论与广大教师的教学实践普遍结合起来，从而成为国内外高校深化教学改革的指导思想。

（二）建构主义理论对大学英语个性化教学的启示

建构主义理论对大学英语个性化教学有着非同寻常的意义，建构主义教学设计原则符合新时期学生心理发展多样化的要求，其在提高学生自主学习能力、提高学生对知识的运用能力和英语综合能力等方面起着重要而深刻的作用。大学英语的教学目标是在提高学生的英语综合应用能力的基础上，增强学生的自主学习能力，提高其综合素质。为了更好地实现教学目标，要对教学方法和教学模式进行改革，建立配套的教学方法和课堂教学模式。作为一门实践性很强的课程，大学英语教学的实践性要求教师在教授英语的过程中，给予学生更多的语言实践机会，让学生在实践过程中了解英语、运用英语，真正做到学以致用。概括来讲，建构主义理论所倡导的大学英语教学过程是把提倡学生个性化自主学习作为出发点，在教师的指导和创建的特定情景下，培养学生的学习兴趣，激发他们用英语进行表达的欲望，提高学生的英语综合能力。

建构主义对大学英语个性化教学的重要启示主要表现在以下方面：

第一，建构主义理论主张大学英语教学过程以学生为中心，围绕学生的学习来开展各项活动，这与大学英语个性化教学的初衷不谋而合。

第二，建构主义理论对学生参与教学活动的积极性特别重视，注重学生间的合作讨论和学生与教师的互动，大学英语个性化教学的目的是促进学生的个性化学习，只有当学生真正参与到教学或学习活动中，把自己作为学习的主人，真正的个性化学习才能发生。

第三，建构主义理论要求在大学英语教学过程中，教师应根据学习内容对教学情景进行精心安排，使学生融入学习内容中，充分挖掘学生潜在的能力，真正做到个性化教学。

二、多元智力理论

运用多元智力理论来考查学生，可以发现，每个人的学习类型和智力类型不同，所表现出的特性也迥然不同。大学英语教学要适应学生的独特性和多样性，必须在英语教学设计上突出个性化和多元化，创造出适合每个学生发展的英语教学活动。传统教学理论主要从教师如何"教"这一角度来探讨教学，往往忽视了学生学习的心理、学习的规律，以及学生的个别差异等，在这种教学思想影响下形成的教学模式是一种"教的模式"。这种教学模式把目标定位在引导学生掌握知识上，向学生灌输知识。现代教学理论把学生看作能动的主体，在教学目标的定位上趋向于全面性——既重视现代生活、工作中所必需的基本知识和基本技能的传授，也重视学生自我发展能力的培养；既培养学生高尚的人格，又发展学生强健的体魄；既全面提高学生的素质，又努力发展学生的个性。

多元智力理论为开展个性化教学提供了思路。在大学中尝试进行英语个性化教学尤为必要，它为不同学生的个性和能力的发展创造了条件，使得课堂上的每一个学生都能获得适当的发展。

首先，教师要考虑授课的综合性，应创造个性化的环境，为学生提供个性化的教学内容，以适应学生已有的认知结构，发展学生的多种智力，以满足不同学生的需要。

其次，教师要鼓励学生采用多种学习方法。大学生对知识的理解多种多样，他们处于创新能力高峰期，要鼓励他们根据不同智力类型变换学习方法，教师要根据内容的不同创设各种不同的教学策略，针对不同的学生采用不同的教学方法。

最后，多元智力倡导个性化的评价观。个性化评价包括标准参考评价、真实性评价等。真实性评价的方法主要有成就评价法和档案袋评价法两种。成就评价法是通过学生的实际表现或作品来进行评价的一种方法，鼓励学生自由探索解决问题的新方案，它的内涵不同于标准化考试。档案袋评价法是指把学生的观察记录、成果展示、录音、录像、图表、图片等都放进档案袋，整合学生一学年的情况，鉴别学生的弱项和强项，揭示学生成长的轨迹和进步方式。

三、学习者需求理论

学习者需求理论是大学英语个性化教学的根本出发点和成功的关键。近年来，关于大学英语教学的研究表明：大学生英语学习需求总体上表现出多样性和个性化的倾向，文科和理工科学生在英语学习需求的某些方面差异显著。当前，大学英语教学未能充分体现和切实满足学生的个性化学习需求，直接导致多数学生学习动机缺乏和学习兴趣丧失。

因此，教师要根据学生基础和接受能力来开展个性化教学。在教学中，教师要摒弃传统的以教师为中心的"灌输式"教学方式，而应采用以学生为中心的教学方式。首先，在教学目标的确定上，要考虑不同需求学生的差异性。其次，在教学内容的规划安排上，要选择符合不同学生接受能力和需求层次的教学素材，以激发学生的学习内驱力。再次，在教学方法上，可以运用引导式、参与式、启发式、讨论式等方法，开展多样化、个性化的教学活动，营造符合特定需求层次的课堂氛围及环境，从而激发学生的学习兴趣。具体来说，教师应引导学生用其所学的英语知识和技能对专业知识进行自我表达，使学生成为课堂教学的积极参与者。最后，在教学评价上，要结合不同学生的学习需求来制定合理的评价机制，不能以一种标准来衡量所有学习活动的成效。

第二节 大学英语个性化教学的系统设计分析

一、大学英语个性化教学的目标

我们已经看到，教学具有目的性。通常教学目标是指教学活动主体事先确定的，在具体教学活动中所要达到的教学结果和标准。它既是教师教的目标，也是学生学的目标，是教育目的、培养目标、课程目标的进一步具体化。在大学英语教学中，主要的目的就是能够提高学生英语综合使用能力和水平，提高学生的听、说能力，使之在未来的社会、工作和学习当中能够更好地利用英语进行交流，并且让学生提升自主学习水平以及综合素质，从而适应当前社会和国内环境的变化。

中国社会的发展对大学英语的需求，尤其是不同职业对英语能力的需求和不同专业学生对英语的不同需求决定了大学英语教学在教学目标、教学内容、教学方法及评估方法上需要进行个性化教学的探索和实践。信息技术的迅速发展为个性化教学提供了物质条件。因此，大学英语个性化教学既是大学英语教学的必然发展方向，也是时代发展的要求。个性化在英语教学目标体系中是以差异性和多元化为主要特征的，体现了分级和分类培养目标的设计。其一是差异化分级教学目标。主要考虑不同层次学生的学习要求，为其设立的学习目标都应该在他们的最近发展区内，不能脱离其本身的认知水平和规律，更不能揠苗助长。其二是多元化的分类教学目标。对不同层次学生的不同学习目标，以及对相同层次的学生的不同学习需求，用清晰的语言描述不同的目标要求，分别为他们设定不同的阶段目标。另外，就同一知识点而言，对学习要求较高的学生，其教学目标可以多强调知识的综合应用和分析能力的培养；对学习要求较低的学生，其教学目标可以多强调认知和理解水平的提升。

（一）体现差异性的分级英语教学目标

大学英语教学的目标是为适应我国社会发展和国际交流的需要而确定的。同时，我国地域广阔，不同地区、不同高校之间存在着较大的差异，为此在大学英语教学中应当注重分类指导、因材施教、个性化教学。

不同区域经济社会发展水平不同，各高校的教育资源和要求不同，不同专业对大学英语所提出来的标准不同，并且不同的班级以及年级学生所具有的能力也不同，因而必须在大学英语教学目标要求上体现差异性。

根据学生现有的英语水平，设计和实施不同层次的教学活动，设定差异性的分级教学目标并开展分级教学，有利于促进不同学习水平和学习能力学生的学习潜能得到充分发挥，有助于教学目标、教学内容与学生的实际需求和水平相一致，有助于进行合理、科学的教学组织和安排，有利于实现因材施教的教学策略，有利于不同层次的学生个性化发展。

设定差异化教学目标的具体做法是：首先，要了解学生的学习成绩，如通过高考英语成绩，或学校英语能力测试，或调查研究，确定学生的实际学习情况和诉求。根据学生的英语考试成绩、入学时的英语语言应用能力和英语学习动机强度的差异，把学生分成若干层级。其次，要分别制定出针对不同层级学生的教学目标，通过调查研究，进一步了解各级学生的学习目标、风格、策略及其英语语言学习能力等方面的情况，并以此为参考，确定适宜的教学方案。教学方案中既要有宏观目标，如各层级总体发展目标，也要有微观目标，如具体到每一个班级在一个学期、一个单元，甚至一节课的教学目标，满足各级学生的学习需要，考虑学生的实际需求与课程目标需求的差异，使每个学生都能据此明确学习方向，尽其所能取得更大进步，把个性化教学目标真正落到实处。

教学活动的起始点和落脚点都应当集中在教学目标上，教学目标对各项教学活动起着指导和推动作用。不同学生在学习潜能、学习动机、个性和认知风格等方面普遍存在差异。因此，教师应在课前设定教学目标时充分考虑这些个体差异，准确把握教学要求，尽量满足不同学生的个性需求，制定出适合各层教学的、多元的、有差异的、具体可行的教学目标。同时，教学目标的确定不能拘泥于课程需求，一成不变地使用教材和大纲，应结合学生的实际情况，对教材和大纲进行有意识的修改、调整、增减和扬弃。应根据差异化教学目标，设计多元化的教学方案，要始终把学生的需求放在首位，以学生为中心，把学生当作课堂的主角，把学生的学习策略、学习能力和学习效果当作重点，运用各种教学形式、教学媒介、教学方法和教学行为，尊重学生的智力特点，为学生创设种种真实的学习和交际情境，适应和满足不同学生的个性需要，使不同的学生都能在差异化的教学目标和教学设计中，体验到学习的乐趣，提升学习动机强度，使学生的个性特征得到最大限度的释放。

制定分级教学目标或差异性发展目标就是强调和尊重学生的差异性。同时，明确的分级教学目标可以激发各类学生的学习兴趣和动机，促进各个分层目标的实现。当前，很多大学实施的是分层或分级大学英语教学，这符合个性化英语教学目标的要求，通过区分不同的教学目标，实施有目的的英语教学活动，促进大学英语基本目标的实现。

（二）体现多元化的分类英语教学目标

认知目标分类修订的二维框架为构筑大学英语多元化的分类教学目标提供了理论依据。根据分类理论，二维框架是以教学内容为纵轴，以学生的学习水平为横轴构筑的。纵轴是学习内容的分解，即"知识维度"，包括从具体到抽象的四种知识——事实知识、概念知识、程序知识和元认知知识，即任何学习都可以是其中的一种知识学习。横轴是指学生的学习水平，即"认知过程维度"，包括从低级到高级的六个认知过程：记忆、理解、应用、分析、评价和创造。知识维度和认知过程维度所构成的二维框架为教师依据分类教学目标指导教学实践提供了广阔空间，也为落实课程目标提供了便利。

大学英语教学要培养学生的英语综合应用能力，以适应我国社会发展和国际交流的需要。在制定教学目标之前，学生的个体差异是教师需要考虑的重要因素。学生个体的差异除表现为学习效率、学习能力、学习效果、学习适应性和学习动机的不同，还表现在学习期望、学习策略、学习目标和学习主观需求等几个方面。教师需要综合采用观察、成绩查阅、问卷调查等方法，实现个体学生差异的评估、研究和分析，进而掌握学生学习之前的状态准备情况，从而从不同的需求角度和不同的学生特征方面进行考虑，依据学生不同的特点和学习习惯，制定多元化的教学目标，多层次地分类指导教学。

二、大学英语个性化教学的内容

（一）设置多元化的英语课程

大学英语个性化教学内容的设计，主要体现在普通英语与专业英语相结合的课程融合，个性化选修课数量和种类在课程类别总量中增加，大学英语教学专门用途英语内容的增加，为未来学生学习专业英语甚至双语学习奠定了坚实的基础。

大学英语课程设置的多元化，首先不排斥传统大学英语教学目标和学生需求，对以传统大学英语阅读为核心的大学英语课程可以保留，以满足学生考级和考研的需求。同时，增加以大学英语听、说为核心的课程比重，以满足中外交流频繁背景下对英语学习者听、说能力要求不断提高的社会需求变化。另外，有选择地设立专门用途英语课程，把大学英语与学生的专业相结合，有利于实现学生英语综合应用水平的提高，尤其是听、说能力的全面提高，进而帮助学生在未来的学习、生活和工作中可以更好地利用英语开展交流。

不同的学习需求指向不同的教学目标,决定了不同的课程设置和教学内容的选择。以专门用途英语课程教学内容为例,要通过需求分析方法,向用人单位了解岗位所需的英语知识、素质和能力,同时了解学生英语学习的个性化需求,找到社会需求和学生个性化需求之间的差异,以便确定课程的具体内容和要求,设计课程活动,实施个性化教学。

教师在个性化教学内容设置上,应当针对各专业的特点,对不同专业学生的英语需求进行分析,从而开展多样的教学活动。要按照大学英语教学目标、学生个性化特点,在英语课程设计当中有意识地融入跨学科的内容。同时还要能够对学生未来的专业发展和就业需求进行分析,让学生在语言学习的过程中可以认识到语言的作用。无论怎样,大学英语教学最重要的就是要在明确教学目标的基础上,实现英语教学和学生个人职业规划的融合,让语言教学成为帮助学生实践能力提升的重要方式。

大学英语课程设置的多元化是由教学目标的多元化决定的。在进行大学英语课程设置时,对课程内容、难度、目标要有总体规划,以确保课程能有效衔接。

(二)设置多样化的教学内容

传统大学英语教学内容往往表现出统一性——教材基本统一,教学内容基本一致,这成为阻碍学生个性发展的一个主要因素。这种单一的教学内容设计从某种程度上来说便于教学安排,有利于统一考核,降低教学成本。但不同教师在教授具体内容时有不同的偏好,更重要的是,这种模式忽略了学生风格和学习需求的差异性。统一的教学内容也不利于教师对教学内容进行个性化的处理。因此,教师要采用更具有针对性的教学方法,如故事方法、图像方法等,使得教学内容可以更好地展现在学生面前,满足学生的需要,让学生可以自觉地开展学习。

多样化的教学内容组合是大学英语个性化教学的重要组成部分。不同的教学内容组合为学生提供了不同的学习方式,或着重自主学习,或强调研究性学习，或发展反思性的思辨、思维能力。学生通过自主选择教学内容，获得适合自身特点和需要的二语习得方法，提高英语语言技能应用和实践经验，反思教学内容的适宜性。在以往的教学中，教师按照教材的编写思路和对课程的个人理解，结合课时等外在条件的要求，对教学知识内容做了分割和组合，这不利于个性化教学的实施。

多样化的大学英语教学内容安排要求以综合化的思想，整合不同单元的大学英语教学内容，避免知识内容的重复性，给学生提供多样化、综合性的学习材料，让学生能够拥有个性化的、明确的学习思路，认识自己的学习内容、方式和过程。多样化的大学英语教学内容要求下的课程设置，将听、说、读、写、译五项技能课程进一步分工，进一步具体化和工具化，将听、说、读、写、译相对分离开来，或优化组合，形成听说、读写、写译等不同课程类型。学生既可以从自身的专业需求出发，积极探索满足自己感兴趣的学习方式，也可以把作为通用英语的听、说、读、写、译等技能课程与强调专业需求的专门用途英语课程组合起来，形成内容更丰富的大学英语教学课程。

（三）设置模块化的英语课程

多样化教学内容要求课程设置的模块化。教师要充分考虑学生的个性化，然后对大学英语教学采取分级分类方法，让学生能够从自身知识水平出发，找到适合自己的类别模块。同时，设置必修课和选修课模块，在不同的模块下，设立不同课程，突出不同教学目标和教学内容。例如，学校可以在学生第一、二学年开设必修课程，即基础阶段的大学英语课程，课程可以包括读写模块、听说模块等，使大部分学生达到教学目标的一般要求。在第三、四学年，学校可以开设选修课程，包括技能类课程模块和文化类课程模块，让部分学生达到教学目标的较高要求或更高要求。技能类课程模块可以包括"英语实用写作""大学高级英语""英汉互译""英语高级口语""英语视听说"等课程，可以使学生有机会进一步发展自己的强项，弥补弱项；而文化类课程模块可以包括"英美文学赏析""英美文化""英语电影赏析"等课程，使学生对目的语文化有更进一步的了解和认识，有助于丰富他们的知识结构和人文素养。

精读加听力是以往大学英语课程设置的主要模式，而今正逐渐地向综合英语加视听说再加网络自主学习模式转变。随着个性化教学要求日益突出，该模式进一步升级，实现了精读、视听说、专业用途英语、网络自主学习的综合性模式。精读与视听说的课程模块强调英语语言技能，可以以必修课的形式出现，保证其在大学英语教学中的核心地位。根据学生的个性差异，可以适当调整前两个课程模块的比重，相继引入专门用途英语课程模块，作为选修课，供学有余力和有专业需求的学生学习。网络教学给学生增加了更多的选择空间，学生能够从自身的兴趣点出发，找到最符合个体成长的学习材料和学习内容，控制自己的学习进程，及时调整学习内容和方法。作为教师，则应当实现教学方式的转变，转变过去以教师为中心的教学模式，强调"以学生为中心"的自主性学习。

（四）通用英语＋专门用途英语＋X模式的构建

目前国内各个高校的大学英语教学与英语专业教学之间的界限日渐模糊，英语专业和非英语专业学生的入校英语成绩和基础差距也在逐渐缩小，课程设置、教学内容、教学手段以及考核方式也逐渐接近。英语专业教学目标是在完成大学一、二年级基础阶段的技能培养后，逐渐将英语语言技能同英语语言专业知识结合起来，甚至与社会需求较大的部分相关专业结合起来，形成了复合式和应用型的人才培养模式。

在英语专业与非英语专业英语教学内容逐渐趋同的大背景下，大学英语教学如果还坚持通用英语的教学部分，即强调英语基本技能的培养，延续中学英语的教学内容，不与学生的相关专业结合，不转向专门用途英语的教学，会使一些学生学习大学英语的积极性受到打击。专门用途英语既可以满足英语学习者的学习需求，也可以满足社会对大学英语的职业需求。因此，大学英语教学需要在保留原有的通用英语教学内容的同时，引入专门用途英语课程，并使其在大学英语教学中占较大比重。

X 因素指的是某种特殊需求下的英语听、说、读、写、译五项基本技能中某一项或某几项。社会不断发展，不同职业对大学英语基本技能的需求偏好不同，有些职业偏重英语学习者的听、说能力，比如外事部门和驻外企业等。

在通用英语＋专门用途英语＋X 的课程模式下，可以考虑做以下教学内容的安排：大学前两个学年采取通用英语教学，在这期间，英语语言基础是教学的重点，主要培养学生的英语日常口语交际能力，为学生未来的大学英语学习打下坚实的基础；第三学年以专门用途英语词汇教学为主，重点开设与各个学科相关的专门用途英语课程，借助课程教学，帮助学生掌握本学科、本专业的核心词汇和主要表达方式；第四学年将专门用途英语与 X 因素相结合，培养学生在本专业领域内的口头或书面英语交际能力，甚至学术交流能力。

在该课程模式下，可分别设置大学英语必修课和选修课。必修课以通用英语课程为主，遵循由易到难、循序渐进的教学内容分配原则，辅以部分专门用途英语的前期辅助课程，可以按学科大类，设立如科技英语、农林英语、商务英语的阅读课程。选修课以专门用途英语课程为主，主要考虑学生的专业特点和学习需求，尽量安排到第三或第四学年进行，学生这时已具有一定的专业知识基础，从而能够更好地掌握基于专业知识的英语学习内容。

选修课程是能够反映个性化教学特点，满足学生个性化需求的课程类别。目前，国内高校纷纷设立选修英语板块，不只设立了基本课程，还设置了学术、文化、专项技能等英语模块。英语专项技能课程包括口语类、写作类、听说类、翻译类等课程，这些课程重在提高学生的听、说、读、写、译等基本语言技能，属于 X 因素的范畴。

英语文化类选修课程，如英美文化概况、英美文学作品赏析等，这类英语课程偏重对大学生人文素养和国际视野的培养。学术用途英语课程，按照学科领域设立学术英语阅读、写作和国际学术交流英语课程，旨在培养学生在专业领域继续研究和深造所需的语言能力，属于专门用途英语课程的范畴。除学术英语，高校开设的专门用途英语课程多与学生专业结合，以专业英语或双语课程形式出现，但这部分课程多由专业学科教师承担，以专业选修课的形式出现，与大学英语教学联系不太紧密。

第三节 大学英语个性化教学的基本要求

一、大学英语个性化教学对英语教师的基本要求

根据教学的基本特点，教学包括教师的教和学生的学，或者说，教学是教的系统与学的系统的有机统一。因此，个性化教学同样包括教师的个性化教和学生的个性化学。对教师而言，个性化教学意味着承认教师的个别差异，并根据这种个别差异进行个性化的教；对学生来说，个性化教学意味着承认学生的独特个性，并在教学中充分发挥学生的独特个性。在此，我们首先探讨教师的个性化教学，也就是说，探讨个性化教学对教师的教所提出的基本要求。从教师教的角度来说，大学英语个性化教学对教师的教提出了特殊的要求，或者说，作为大学英语教师，若要进行个性化教学，则必须具备以下几方面的条件。

（一）应具备正确的理想信念

自古以来，教师的职责就是教书育人。教师是培养人才的关键，教师的一言一行都将直接或间接影响学生的发展。所以，教师是否具有正确的理想信念会直接影响学生能否健康成长与发展。显然，大学阶段是我国教育事业发挥社会经济效能的关键时期，因为大学正是培养将来从事我国社会主义经济建设所需要的各级各类人才的主要场所。因此，作为大学英语教师，在进行大学英语个性化教学时，必须具备正确的理想信念。大学英语教师的正确理想信念包括其对大学英语教学的合理认识，对大学英语课程的社会价值的合理认识，这些都将对大学生有效学习大学英语课程产生直接影响。

（二）应具备高尚的道德情操

"师者，人之模范也"，可见，教师的职业特点决定了教师必须具备高尚的道德情操。教育的"立德树人"这一根本任务进一步强调了道德在教育教学中的核心地位。这是教师在教育教学活动中必须具备的基本素质。

教学活动不仅需要尊重学生主体性的充分发挥，更要尊重教师主体性的充分展现。从教师角度来说，教学活动是教师教的主体性活动，在这主体性活动中少不了教师个体人格魅力的彰显。其中，教师的主体性是凸显教师个体人格魅力的基础，教师个体的人格魅力引领着教师主体性的积极发挥。同时，道德情操又是体现教师个体人格魅力的核心要素。大学英语教学活动作为一项彰显大学英语教师人格魅力的主体性活动，少不了高尚道德情操的积极引领。因此，高尚的道德情操是所有教师从事教学活动必备的共性因素，但是每个教师个体作为教学活动的主体，其所具备的高尚的道德情操又是个体性的，具有个体差异性和独特性。这正是大学英语教师在从事大学英语教学活动中凸显其个性特征的具体表现，因为大学英语教师在从事大学英语教学活动时，其思维模式和行为表现在很大程度上体现了个体性的道德因素。

（三）应具备扎实的专业知识

教师应有扎实的知识功底、过硬的教学能力、勤勉的教学态度和科学的教学方法等基本素质，而其中的专业知识是教师从事教学活动最为重要的基础性条件，即作为教师，必须具有丰富、扎实的专业知识，以满足教学之需。尤其是在当今信息时代，随着学生获取知识信息途径的多样化发展，曾经奉行的"要给学生一碗水，教师要有一桶水"的观点似乎已经不能满足现实的教学需求了，而应该是"要给学生一碗水，教师应有一潭水"。

（四）应具备科学的教学观念

在哲学意义上，观念是客观事物在人脑中的反映，观念指导着人们的行为。为了适应个性化教学行为的需要，在个性化教学过程中要求教师必须具备科学的教学观念，以便科学合理地指导教师从事个性化教学活动。即在个性化教学理念的指导下，教师应该积极反思，提高认识，实现其教学观念的及时转变，以便更好地实施个性化教学，引领学生进行个性化学习。

在大学英语个性化教学中，大学英语教师可以从以下几个方面实现其教学观念的转变，从而形成科学合理且适应现代多样化人才需求的个性化教学观念。第一，从教学态度上来说，为了实现个性化的教学，大学英语教师应实现从会教到乐教，再到创造性地教的飞跃，以便更好地凸显教师的教学主体性，使教学具有趣味性，能够对学生产生吸引力。第二，从教学认识上来说，大学英语教师应转变过去的以教为中心、过于重视教学结果的观念，应该树立以学为中心、以学生为中心且兼顾教学结果和教学过程的科学认识。因为从现实的大学英语教学现状来看，大多数大学英语课堂还仍处于关注结果的层面，如教师的目的是把课程内容讲完，而学生的目的是该门课程能获得60分。第三，从教学情感上来说，大学英语教师要有仁爱之心，要关心学生、理解学生、宽容学生和尊重学生。高尔基曾说："谁爱孩子，孩子就爱谁。只有爱孩子的人，他才可以教育孩子。"因此，教师要真正做到关爱学生。

二、大学英语个性化教学对学生的基本要求

（一）对大学生思想意识的要求

个性化教学要求大学生在学习大学英语这门课程时，必须提高学习的觉悟、增强学习的意识。通常情况下，大学生学习英语的思想意识大致包括伦理意识、社会意识、公共意识、专业意识、健康意识和发展意识等。其中，个性化教学对大学生学习英语课程的伦理意识的要求，就是要求大学生在学习大学英语这门课程时必须遵循一定的伦理规则，如通过正确途径获取知识和信息，在学习过程中处理好个体与群体、个体与个体的关系等；个性化教学对大学生学习大学英语课程的社会意识的要求，即要求大学生必须意识到大学英语课程

与社会发展的关系，且学好大学英语课程后应以自己独特的方式服务社会；个性化教学对大学生学习英语课程的公共意识的要求，即要求大学生在通过学习英语彰显个性的同时，也应意识到大学英语课程是一门公共课程，是所有专业都必须研修的课程；个性化教学对大学生学习英语课程的专业意识的要求，即要求大学生在学习英语课程时必须结合自身的专业特点，比如在学习英语写作时，要结合自己的专业特点，尝试用英语撰写专业领域的学术论文等，这也是大学英语个性化教学对大学生专业个性充分观照的体现；个性化教学对大学生学习英语的健康意识的要求，就是指大学生在学习大学英语课程时应充分尊重个体的身心健康规律，如选择最适合个体的时间记诵单词，不能超强度地学习等；个性化教学对大学生学习英语课程的发展意识的要求，就是指大学生学习英语不仅需要掌握一定的英语语言知识，还应将所学英语知识内化为个体素养和能力，使其所学英语知识能以合适的形式存在于脑海之中，丰富学生的个体经验，以期其在将来的生活和学习中能以合适的形式表达出来。

（二）对大学生学习观念的要求

为了对大学生有效地实施个性化教学，必须要求大学生在学习大学英语问题上所持有的学习观念发生切实的转变。因为在过去的学习中，大学生学习英语大多是为了获得学分，能够应付过去即可了事。当今，随着信息化时代的不断发展，国与国之间的相互交流也日渐频繁。那么，如今的大学生对英语的学习，一方面不能仅仅停留在获得学分层面，而应该充分理解英语的文化意蕴，吸收英语的文化精髓，结合自身所学专业进行发挥和创造；另一方面应充分利用英语语言的工具性，为自身的学习获取更多的信息资源。

在个性化教学理念的指导下，大学生的学习观念必须实现如下几个方面的转变：一是在学习大学英语的目的认知上的转变，即通过个性化教学必须帮助学生认识到，学习大学英语不能仅仅是为了获得学分，而是要通过学习获得更多有关英语语言的知识和信息，以及渗透在其中的文化；二是对大学英语这门课程自身认识的转变，英语语言既是一种文化，又是一种工具，而且每个人学习英语的目的是不同的，因此每个人对英语这门学科的认识也是有差异的，而对大多数大学生来说，英语更多的是一种辅助本专业学习的工具；三是对大学英语学习态度上的转变，由于个性化教学是一种充分彰显师生主体性的教学，因此在实施个性化教学过程中，必须要求学生主动、积极地参与其中；四是在学习大学英语过程中个体角色的转变，个性化教学要求大学英语教学必须结合学生的个性特点，突出学生的主体性和独特性，让学生通过学习丰富自我认识，如结合学生的专业特点、兴趣爱好、理想追求等开设相关课程。

（三）对大学生思维能力的要求

思维是借助语言、表象或动作实现的对客观事物概括的和间接的认识，是认识的高级形式。根据不同的标准，思维可以划分为形象思维和逻辑思维、经验思维和理论思维、直觉思维和分析思维、辐射思维和发散思维、常规思维和创造思维等。根据人们对思维本身的认识，结合个性化教学的本质特征，大学英语个性化教学对大学生学习英语课程的思维能力提出了两方面要求。首先，在大学英语个性化教学过程中必须重点关注学生的思维活动。根据思维间接性（即人们借助于一定的媒介和一定的知识经验对客观事物进行间接认识）的特点，学生思维活动的展开基于个体通过感知和记忆所获取的个体化的经验。这在一定程度上反映了思维活动的个体独特性和差异性，其与个性化教学中学生的个性特点和个体差异性是一致的。因此，在大学英语个性化教学过程中，必须以充分激发学生的思维活动为基础条件。其次，在大学英语个性化教学过程中，应重点激发学生的经验思维、直觉思维、发散思维和创造性思维等。因为在学生的思维活动中，最能体现学生个性特征的是其经验思维、直觉思维、发散思维和创造性思维。其中创造性思维活动，就是做他人没做过的、想他人没想过的、说他人没说过的。

（四）对大学生学习方式的要求

马克思在揭示人类社会发展的基本规律时，认为生产力和生产关系之间的矛盾关系是促进社会发展的基本动力。其中，生产力包括劳动者、劳动工具和劳动对象，而每一个时代的进步与发展，又总是以一定生产工具的变革为前提的。同样，教学的改革和发展也是基于教学方式的变革而发生变化的。也就是说，大学英语的个性化教学的改革与发展必须基于个性化的教的方式和个性化的学的方式。大学生的学习方式的变化自然也是大学英语个性化教学得以有效实施的基本条件，或者说大学英语个性化教学要求大学生必须具备个性化的学习方式。

大学英语个性化教学对大学生在学习方式方面提出的基本要求主要体现在以下两方面：

一是从学习方式所涉及的学生个体的主观能动性发挥效用的程度来看，大学英语个性化教学要求大学生必须做到会学、乐学、创造性地学。会学，即是要求大学生要懂得一定的学习方法，能合理有效地学习。乐学，即是指大学生在学习英语课程时，除了需要掌握一定的有效的学习方式，还需要学生的情感投入，只有当学生乐于学习时，其才有学好的可能。创造性地学习是最能体现学生个性化学习的因素，因为创造性地学习需要学生结合个体实际进行与众不同的学习。而且，通过创造性地学习，学生能够获得与众不同的"属我"的学习结果。

二是从学习方式的具体内容来看，大学英语个性化教学需要倡导自主、探究、合作等学习方式。这就要求大学生在学习英语课程时，必须充分发挥个体的自主性和独立性，要求学生处理好个体学习与合作学习的辩证统一关系，需要学生在积极主动探索新知的过程中，彰显自己的个性特点。

第四节　大学英语个性化教学的效果评价

一、大学英语个性化教学评价的价值取向与标准

　　人们经常将价值界定为客体对主体的意义或有用的功能。一般而言，价值具有两层含义：一是事物的有用性和正当性；二是事物满足主体需求的程度。在社会科学领域，价值属于相对严谨的哲学定义，19世纪后，价值论和从前的认识论、本体论共同成为哲学领域中比较主流的研究方向。在这之后，不少哲学流派或是哲学家陆续对价值问题做了多层次、不同维度的系统研究。马克思主义表示，作为一般性的定义，价值的产生往往是以人类对适应他们需求的外界物的态度为基础的。这说明，马克思主义对价值的认知着眼于人的需求和物的属性潜在的相关性，即从主客体关系的角度来认识价值。

　　综观关于教学评价的相关研究，可以发现，主要呈现三种不同的价值取向：一是静态的评价取向，也就是对评价对象当下状态的测量、评估与诊断。与动态评价相比，静态评价主要是考查特定时间、空间和情境中评价对象的现实状况、发展水平和存在的问题。二是以结果为主导的评价取向。相较于过程性评价，结果导向性评价是教学活动整体完成或是某个阶段的教学活动完成后，对教学效果的总结性评价。结果性教学评价将学生日常的学习成效作为重要标准，而对习得的过程及其方法、技能的掌握等则相对关注较少，从而导致学生的思维缺乏足够的训练，未能掌握合理的学习方法。很多学生将大量的时间、精力用于应对考试，目的是拿到高分。但结果导向性评价也存在自身的优势，如简便易行，操作迅速。过程性评价相对来说比较复杂，虽然操作难度小，但耗时较长。三是以知识为主导的教学评价取向。这种评价取向关注学生对教师讲授知识的掌握情况，能够为学生获得系统的知识提供有效的反馈信息，也能够促进教学的改进。但从促进学生均衡发展的总体目标看，这种评价取向仍有

较多的弊端，不利于学生综合素质的培养。

（一）个性化教学评价的价值取向

学生就如同院子里的花草树木，各不相同。教学评价不仅是对某个阶段的教学成果进行诊断，同时也是持续的过程，教师需做出总结和反馈；不仅是对现实问题做出的检视，同时也是发展性的评价。教学评价并非是让全体被评价者都完成既定的某个目标。相反，它以原有基础为前提，对被评价者的进步情况进行综合评价。

提升大学英语个性化教学评价的科学性、教育性，充分发挥教学评价的激励功能、促进作用和反馈效果，需要以发展取向、过程取向和综合取向作为大学英语个性化教学评价的主流价值取向。

1.个性化教学评价的发展取向

随着全球化时代的到来和信息社会的快速发展，人的存在与价值、生活的旨趣、教育的内涵等均发生了较大的变化，人的社会地位和价值越来越受到重视。因此，教育应当以人的均衡发展作为行动指导。教学评价需坚持以人为本的原则，构建对教学质量有帮助、促进教师专业发展、尊重学生的差异性，以及学生发展和社会建设匹配的教学评价体系。所以，大学英语个性化教学应坚持发展取向，即通过发展性的教学评价促进大学英语个性化教学质量的提升。

大学英语个性化教学评价的发展取向包括以下两个方面的内涵：一是大学英语个性化教学蕴含了发展的旨趣。大学英语个性化教学不同于一般意义上的大学英语教学，它旨在通过个性化的教学活动促进师生的进步与发展，培养学生的创新精神和独特个性。二是大学英语个性化教学评价的目的在于提升大学英语的教学质量，进而促进学生个性化发展。总之，大学英语个性化教学评价旨在通过发展性的教学评价，推动大学英语教学以及师生的个性化发展。

2.个性化教学评价的过程取向

评价，即主体对特定的评价对象做出量化分析或价值判断。评价主体在评价过程中需要正确看待评价客体。教学评价包含三个关键部分：一是教学输入质量；二是教学过程质量；三是教学输出质量。教学输入质量，大致包括对条件设备、学生基础及师资配备等项目的评价。教学过程质量，也就是对教学目标的完成情况、教学内容的部署情况、教学结构进行设计，对教学方法的使用以及教学能力的强弱等分项目进行评价。教学输出质量，即对教学既定目标的执行状况、学生对课堂内容的熟练状况等进行评价。

在很多情况下，教学过程对教学质量起着决定性的作用。所以，对教学过程进行评价相当关键，关系到教学评价的科学性，以及教学评价结果解释的内在逻辑性。因而，需要重视对教学过程的评价。据此，大学英语个性化教学评价需要高度关注大学英语个性化教学的整个过程，如对教学目标进行设置、对教学内容进行安排、选用恰当的教学方式以及教学管理模式等。在教学活动中，学生在课堂上的表现或者思维品质，以及师生关系的转变等，这些因素关系到个性化教学最终的成效。所以，个性化教学评价需要坚持以过程为导向，不仅要注重结果评价，同时还需对个性化教学过程进行评估，保障教学评价的真实性、可靠性。

3.个性化教学评价的综合取向

在大数据流行的现代社会，提升大学英语个性化教学的质量，应当摆脱单一性手段的教学评价形式，做到综合型评价。综合型评价立足于多元视角及全局，倡导从不同维度来对教学活动进行整体评价。

在评价目的上，综合型评价的要点在于教学过程，特别是对学生的学业成绩做出诊断，旨在为提升教学品质提供有效的反馈信息，提升学生的综合素养，尊重学生的个性化特征。

在评价对象上，综合型评价除了注重对学生知识、技能进行评价，同时也更关注学生日常的协作和创新能力。究其实质，综合型评价属于综合素质评价，评价对象为"全体学生"，它并非对学生的不同素质进行机械组合，而是找出各素质潜在的相关性，促进融合，使其成为真正的整体。

在评价主体上，综合型评价倾向于对外部、内部评价进行整合。除了对英语教师自身的教学水平进行鉴定，还包含对学业质量或是综合素质进行诊断。

教育的相关管理部门、家长或是社会评价机构等，均可对其进行合理的评定。同时，教师、学生同样也能够对教学过程或是结果做出评价，将教师、学生评价列为主体，改变师生长时间被视作评价客体的现象。

在评价方法上，综合型评价倾向于对教学过程做出整体性评价。因此，有必要从不同的方面来对参评数据进行收集，做好系统分析。

（二）个性化教学评价的标准

1.引领学生进步

教学目标在某种程度上反映了培养目标，可以说是教学中的核心要素。大学英语教学改革应建设多层次、多元化的教学目标体系，满足学生个性化的学习需求。大学英语教学目标具有三级体系，即基础、提高和发展三个等级，旨在通过个性化的教学活动促进学生的个性化发展。

基础级别教学必须达到的教学效果为：学生可以适应大学生活，同时可以和与自身紧密联系的信息进行交流；可以引入具体的学习策略；和文化背景不同的人进行交流时，可以了解双方的文化形式，尊重他们的价值观差异；结合交际需求，能够对交际策略进行运用。

提高级别教学必须达到的教学效果为：学生在平时生活或是学习中可以用英语来对某些比较常见的话题进行交流、讨论；可以运用有效的学习策略；和文化背景不同的人进行交流时，可以应对文化、价值观等差异问题；结合实际的交际需求，使用合适的交际策略。

发展级别教学必须达到的教学效果为：学生在平时生活或是学习中可以用英语进行流畅交流；可以熟练使用学习策略；和文化背景不同的人进行交流时，可以应对在文化背景或是价值观等诸多层面上的差异问题；结合具体的交际情况、场合及交际对象，使用恰当的交际策略。

2.引导教师高度关注大学英语个性化教学全过程

大学英语个性化教学全过程包括设置教学目标、确定教学内容、选择教学方式、展开教学管理等。与此同时，还需要关注学生在教学过程中的具体表现、情感变化等。

对于个性化教学过程而言，首先，教学目标的设置要照顾到不同学生的理论基础，需要充分考虑理论基础较差的学生和理论基础较好的学生，尽量做到既能够给予基础差的学生更多的学习机会，又能够给予基础好的学生成长空间。通过技能学习有利于促进学生语言基础、综合应用能力的增强，这不仅能够使学生在大学英语学习过程中不断提高英语水平，而且也有利于学生趋于个性化方向发展，从而满足学生自身发展需求，体现充满个性化的大学英语教学特征。

此外，大学英语个性化教学的评价要重视以下几方面：首先，要看教师在设计整个课堂教学时是否体现合理性，学生是否了解教学目标，教学结构是否完整清晰，设置的问题是否合理，学生认知过程是否达到预期目标，教学任务是否得以落实；其次，教师在课堂上是否能够对师生互动过程、信息交流过程予以主导，是否能够对在教学中存在的各种问题进行有效解决，学生是否积极参与课堂学习；再次，教师在教学过程中是否利用多媒体等辅助工具展开教学；最后，课堂教学质量是否达到预期目标，学生是否有反馈意见。

在课堂活动中，学生若具备较高的学习积极性和主动性，就能使教学活动充分、有效地展开。而参与是学生主体实践活动开展的基础，同时引导学生自主学习、探究学习也需要学生主动参与。如果学生在课堂学习中不参与或者参与的过程不具备积极性和主动性，教学的有效性便无法体现。在基础教学中，为提高学生参与课堂学习的积极性，具体可采取激发学生的学习兴趣，为学生提供充足的学习空间，设计具有挑战性的问题等方法。

3.打破单一性教学评价，实施多维度、立体化的综合性教学评价

大学英语课程个性化评价以学校内部开展的自我评价为主，以其他多样化的外部课程评价为辅，在课程体系的评价上，必须确保客观、公正，为课堂教学的开展提供信息反馈，继而推动课程深入建设。评价是检验教学质量、推动大学英语课程建设与发展的重要手段。学校教学管理部门根据本校的教学需求和现状，制定适合本校的评价标准，建立常态化的评价数据库，并定期更新和

公布数据，以便于自我监督，并通过有效分析和反馈评价信息，促进自我改进和提高。多样化评价是校内评价的必要补充和延伸，大学英语课程多样化评价应根据学校类型、地区特点和学生需求，开展分层、分类的课程评价。教学管理部门负责制定评价标准和实施评价。评价活动主要包括教学过程的评价、学习过程的评价，在评价活动中，师生应积极参与。另外，开展评价活动还需要了解外部环境，为课程建设与发展提供更多指导性建议。

大学英语个性化教学评价体系的建立，有助于我们通过多维度分析，了解大学英语个性化教学能否达到最终的教学目的。

二、大学英语个性化教学评价的基本原则

基于对大学英语个性化教学评价及其价值取向的理性分析，在具体操作过程中，大学英语个性化教学需遵循如下原则：

（一）个性化教学评价的系统性原则

大学英语个性化教学评价是一个多维度、多层次的评价系统，系统内部存在着特定的结构，在该结构中，各个构成要素形成一个紧密联系的有机整体。系统性原则认为，事物是由具有内在逻辑关系的要素组成的整体，各个要素之间是一种有机的存在形式，作为整体的一部分，各个要素对整体功能的发挥具有重要的作用。

系统性原则是大学英语个性化教学评价的首要原则。首先，从共时性的角度来看，大学英语个性化教学评价是一个整体性的评价，不仅涉及对教师教学质量和学生学习效果的评价，而且还涉及对整个教学过程的评价。它是对大学英语个性化教学活动的整体性评价。只有遵循系统性原则，才能确保大学英语个性化教学评价的科学性和全面性。其次，从历时性角度来说，大学英语个性化教学评价不仅仅是特定时间或者特定情境下的教学评价，而是注重对大学英语个性化教学活动的全程性评价，不仅涉及教学活动的导入、教学过程的实施、

教学结果的评定，而且还包括对每一环节各个要素发展的整体性诊断，所以大学英语个性化教学评价是一种系统性、全面性的教学评价。

（二）个性化教学评价的可操作性原则

可操作性是教学评价能否实施并获得预期效果的关键因素。大学英语个性化教学评价能否实现对大学英语教学的精准诊断，核心在于各项指标是否在教学过程中得到了落实，确保没有流于形式。为此，各项评价指标必须要切实体现教学主体行为、教学进度、教学效果等。这就需要对大学英语个性化教学活动进行维度分析，并根据各个维度制定二级指标、三级指标等指标体系，以及确定各类、各级指标的权重分配。通过可操作性的指标体系，实现对大学英语个性化教学的可视化评价，并提升大学英语个性化教学评价的科学性和可操作性。

（三）个性化教学评价的灵活性原则

灵活性原则主张根据评价对象的客观情况进行适时、合理的评价，而非采取统一的评价标准、评价程序进行机械的评价。大学英语个性化教学是一种富有文化特色和个性色彩的教学活动，其个性化的特征意味着大学英语教学不同于一般的日常教学，而具有其独特之处。据此，大学英语个性化教学评价需要遵循灵活性原则。一是根据不同的评价对象，实施差异性评价，尤其是针对不同类型的教学活动，需要开展有针对性的教学评价；二是对于不同情境中的教学对象，需要实施因时、因地制宜的教学评价，而非同一形式的整体评价。大学英语个性化教学评价的灵活性原则尽管增强了大学英语个性化教学评价的难度和复杂性，但大大提高了大学英语个性化教学评价的针对性和实效性。

（四）个性化教学评价的发展性原则

结果导向的教学评价往往是静态的，它将系统、完整并具有变化性和发展性的教学评价简化为一次性的终结性评价，这样不利于从整体上认识事物的发展过程。发展性原则主张从动态、变化的视角看待事物，认为事物是处于不断发展和演变的过程之中的。发展性原则是大学英语个性化教学评价的重要原则之一，它主张不用静止、封闭的眼光看待大学英语个性化教学，而是从发展层面出发，加深对大学英语个性化教学的认识。发展性原则要求对大学英语个性化教学评价不能为了评价而评价，要对教学评价所具有的价值予以挖掘，促使教学评价的实际作用得到充分发挥。

第六章　大学英语教学研究与改革创新

英语教学是高等教育的重要内容之一，与英语相关的课程是学生必修的基础课程。现代英语教学包括教学模式与教学手段，其指导理论是外语教学理论，主要内容包括跨文化交际、知识与应用等。

第一节　大学英语教学的理论阐析

一、教育和教学的概念界定

（一）教育的含义

"教育"一词在汉语中可以分为两个部分："教"和"育"，它们分别有"上施下效""使之为善"之义。然而，英语中的"education"（教育）则是指"训练"，教育的学术性定义是基于这一语义而形成的。教育对人类的存在与发展起着重要作用，这是因为教育既传承了人类的既有经验，又把个体培养作为社会的组成部分。

美国教育哲学家谢弗勒认为，教育是"纲领性的定义、规定性的定义和描述性的定义"，并认为不同定义都在各说各话。法国学者米亚拉雷则对教育进行了分类，即"教育作为机构的教育、作为内容的教育、作为活动的教育和作为结果的教育"。德国学者雅斯贝尔斯指出，教育是培养新生一代准备从事社会生活的整个过程，也是人类社会生产经验得以继承发扬的关键环节，主要指学校对适龄儿童、少年、青年进行培养的过程。

中国的《教育大词典》认为，教育是"传递社会生活经验并培养人的社会活动"。学校教育则是"根据一定的社会要求和受教育者的发展需要，有目的、有计划、有组织地对受教育者施加影响，以培养一定社会所需要的人的活动。"

与此同时，我国还有不少学者试图为教育下一个准确的定义。肖川教授认为："教育的真义就是价值引导与自主建构的统一。奠基于价值引导与自主建构相统一的教育，从学生的成长过程来说，是精神的唤醒、潜能的显发、内心的敞亮、主体性的弘扬和独特性的彰显；从师生共同活动的角度来说，是经验的共享、视界的融合和灵魂的感召。"中国著名教育家叶澜教授认为："教育是有意识地以影响人的身心发展为直接目标的社会活动。"

综上所述，教育是一种可以引导人类发展的活动。所以，教育的内涵必然涉及两个要素：引导与发展。"引导"说明教育是有目的的活动，"使之向善"是最根本的目的。引导还说明教育不是强制性的活动，也不可能强制。教师不可能强制学生掌握知识、技能、价值观。"发展"是指学生的发展。教育能否最终实现其目的，主要在于学生是否得到了与所设定目标相一致的发展。

（二）教学的内涵

教育的重要因素之一是教学，因而研究教学的相关概念是研究教育必不可少的环节。

通过具体内容诠释教学。教学这个环节可以传递人类生存经验以及各种知识、技能，这些具体内容的传递是通过具体课程内容和教学内容进行的。

系统性与计划性是教学所具有的重要特征。作为学校教育组成部分的教学，是一项有计划的系统活动，其计划性体现在教学计划与课程计划上。需要注意的是，这些系统的计划并不是随意制订的，而是经由教育行政机构、学校和教师等经过长期的实践和思考、反思形成的。

教学设计与教育技术是实施教学必不可少的内容。教学这一行为具有深厚的历史沉淀，它因时代、环境、对象等因素的变更而不断变化、发展着，人们在对其进行实践、反思的过程中总结了大量有效的方法。随着科学技术的发展，新的教育技术开始出现，并在教学活动中得到了有效的利用。

综上所述，教学是有计划的系统性活动。其按照一定的内容在一定目标的指导下进行，需要借助各种方法和技术，它是学生认识世界的重要途径，也是学生学习、掌握知识和技能的途径。

二、英语教学的核心

英语教学兼具语言教育与文化教育两种功能。一般情况下，培养学生运用语言的能力是语言教育的目的，如果学习某种语言只是为了方便研究其语言知识，则其目的就不是运用语言，而是研究语言知识，比如，研究古希腊语等早已不被使用的语言。

由于外语教育需要以一定的外语知识为基础才能达到培养学生外语运用能力的目的，所以对于已具备母语运用能力的学生而言，在接受外语教育时也需要先接受这门学科的相关知识教育。鉴于英语这门语言也是文化的重要载体，因此英语教学是文化教育中的一种。

三、英语教学构成因素及分析

学生、教师等是英语教学的构成因素，此外，教学设计、教学内容、教材、教学环境等也是重要构成因素。下面就其进行具体分析：

（一）学生

1.学生的角色

英语教学以学生为受众，以培养学生的学习习惯、提高学生的学习能力为目的，关注学生的自我评价等，通过这些让学生获得全面发展和终身发展。总体来说，学生的角色主要包含以下四种：

（1）主体

学生是学习的主体，英语教学活动要坚持学生的主体地位。在学习过程中，学生对知识的积极探索、发现、吸收和内化等实践，有助于构建他们的知识体系以及形成科学的世界观、人生观和价值观。

（2）参与者

学生是教学活动的参与者。在英语教学过程中，教师应注意激发学生的兴趣与动机，引导学生积极地参与教学活动，让学生乐于学习。在学习过程中，学生应主动参与，积极思考，敢于表达自己的思想与观点，最大限度地将个人的才能展示出来。

（3）合作者

英语学习是在师生、生生之间进行的，因此学生的学习过程必然要与他人合作。学生在学习中通过协商与互助，彼此促进，最终实现共同提高。

（4）反馈者

学生是教学活动的反馈者。学生以个体的学习情况以及教学方法的适用性为依据，向教师提出相关的意见与建议，促使教师对教学设计与教学内容加以调整、改进，最终提高英语教学的效率。

2.学生的个体差异

学生个体在认知风格、学习动机等方面存在很多不同之处，在语言潜能、性格等方面也差异颇多，这些导致他们接受能力不同，理解、掌握新知识的速度不一样。教师在进行英语教学时应做到因人而异，针对不同的人制订不同的教学计划，运用与学生个人学习能力相适应的教学材料和方法，提高教学的有效性。学生的个体差异主要表现在认知风格、语言潜能、情感因素等方面。

(二) 教师

教师是整个教学环节中不可缺少的要素,其重要性毋庸置疑。知识储备多、角色定位准是成为一名合格英语教师的必备条件。

1.教师的角色

通俗地说,教师的角色就是教书育人,它体现在教学中的职业特征和职业责任上。随着教学改革的深入,教师角色也被赋予更深刻的内涵。在教授知识和培养高素质人才的同时,新时代教师还应具备以下特点:

(1) 知识的传授者

知识的传授者是教师最基本的角色,在实践教学过程中,教师不仅传授给学生丰富的知识和技能,使其具有探索未知领域的能力,而且还要进行道德素质教育,使其树立正确的世界观、人生观和价值观。

(2) 课堂的领导者

教师作为课堂的领导者具体体现为表率作用。教师在课堂上的言谈举止对学生有着潜移默化的影响。教师自身要充满正能量,发挥主动作用,要了解学生对知识的掌握情况,对教案教学进度和教学时间要做到心中有数。

(3) 行为的评价者

行为的评价者是指教师对学生平时表现的评价。教师要了解学生的学习状况和心理状况,准确而恰当地指出学生的优缺点,并给予建议。为了避免学生的自尊心受到伤害,教师在指出学生不足时要注意措辞和方式。

(4) 活动的组织者

课堂活动的组织者是教师发挥主动作用的具体体现。教师要将课堂要完成的教学任务、教学方式、进度和流程以及注意事项等与学生进行沟通,以便让学生了解整个教学过程和自己在这一过程中的职责;学生在学习过程中,根据自己的情况有针对性地改进不足,从而顺利完成目标。

（5）活动的促进者

教师是活动的促进者。教师对于学生平时遇到的学习问题和情绪波折要给予指导和疏解，使学生形成良好的学习态度和健康的心理状态。

（6）活动的参与者

积极组织并热情参与活动可以增进教师与学生之间的情感联系，可以让教师更深层次地了解学生对一些问题的想法，并因势利导，激发其学习热情。

（7）资源的提供者

教师在课堂上讲授新内容时可以讲解这些知识的背景以及在生活中的运用实例，从而帮助学生更形象地理解和掌握新知识。同时，还可以针对不同的教学内容准备相关的教学资源，如答案、范例以及生动的教具等。

（8）教学的研究者

教师作为教学的研究者主要体现在两个方面：一是对教学方式和方法的研究，怎样将课本知识以学生更容易接受的方式传授给学生是教师孜孜以求的工作目标；二是对未知领域的科学探索，教师在掌握了一门学科的前沿知识后，可以通过理论和实践相结合的方式对该学科进行开拓性创新，以便更好地为人类服务。

（9）学生的激励者

教师通过将课堂控制权交给学生的方式能够激发学生学习的主观能动性，让学生有意识地自觉学习，从而挖掘学生自身潜质，达到最佳学习效果。这就要求教师要具有丰富的知识储备和教学经验，以及对教学具有饱满的热情并具备激励学生的能力。

新时代的教师不仅仅是知识的传递者，更被赋予了各种角色，作为教育的践行者，教师被社会寄予更高的期望。一名合格的英语教师，能游刃有余地在各种角色中转换，充分施展自己的才华。

2.教师的素养

教师不仅要向学生传递科学文化知识，还担负着育人的重任。而作为一名英语教师，不仅要具有扎实的英语语言学专业素养，还要具备良好的师德素养和健全的人格素养。

(1) 良好的专业素养主要包括以下三方面：

①扎实的英语语言学基础

具备扎实的英语语言学基础是英语教师做好教学工作的前提。英语语言学基础包括英语语音、语法以及词汇量，同时涉及五项基本技能，即听、说、读、写、译。平时教师还要经常阅读英语原著，以便更好地了解以英语为母语的国家的风土人情、地域特色，熟悉英语语言使用环境。只有具备较高的英语语言水平才能了解英语课文背景，从而全面把握教材，顺利教授英语知识，提高学生英语学习能力。

②全面的教学能力

教师的教学能力包括教授英语知识能力、教学组织能力和综合教学能力。教授英语知识能力是教师通过讲解示范，启发和引导学生学习英语基本知识，同时注重英语技能训练；教学组织能力是指学生在学习过程中提出的疑问，教师要及时解答。综合教学能力是指英语语言之外的教学能力，如美术、舞蹈、音乐、表演等。

③较强的科研能力

教师应强化科研意识，在具备良好的语言基础与教学水平的基础上，借助现代科学技术手段深入研究教学理念和教学方法，全面提高英语教学水平。

(2) 良好的师德素养

师德是教师素质中的核心因素，加强教师道德素质建设极其重要。从某种意义上说，师德影响着学生的未来走向，因此一名高素质教师必须要热爱自己所从事的职业，忠于教育事业，具有正确的世界观、人生观和价值观。

(3) 健全的人格素养

人格素养是教师素质的灵魂。学生对教师的人格素养有着很高的期待，教师的人格素养对学生发展有重要影响。教师的职业特点决定了教师必须具备健全的人格素养。教师的人格素养一方面来自正确的自我认知，另一方面来自渊博的学识和教书育人的能力。教师和学生在人格上是平等的，教师应理解和尊重学生。

除了具备上述三项基本素养，教师还要掌握包括心理学、教育学以及外语教学理论在内的系统教学理论知识。

（三）教学设计

在漫长的英语教学发展过程中，诞生过很多教学设计，不同的教学设计在不同的时期发挥着重要作用，不断推动着英语教学法的变革与发展。这些教学法包括翻译法、直接法、自觉对比法、听说法、视听法、认知法、功能法，以及由此派生出的口语法、全身反应法、自然法、暗示法、沉默法、交际法等。

其实没有哪一种教学设计是完美的，每个地区、每个民族甚至每个学生都有其独特的语言习惯，教学应该因人而异、因材施教。只有适合的才是最好的，研究它们然后总结适合的教学设计才能取得理想效果。在英语教学实践中，教师要根据不同的语言知识和技能灵活地运用相应的教学设计，这样才能取得满意的教学效果，从而提高学生的英语水平，促进学生健康全面地发展。但是教师也不能片面追求某一种教学法，否则会适得其反。

（四）教学内容

教学内容是教师的"教"和学生的"学"之间互动传递的有益信息。一般来讲，平时上课的教学内容大都取自教材，但是教学内容不局限于教材，教师传递给学生的知识、技能、思想、观点以及行为习惯等都属于教学内容。

1.教学内容的特征

具体而言，英语教学内容应具备以下五个特征：

第一，英语教学的内容必须做到科学严谨，信息来源可靠，引证正确，表达规范，语言地道、准确。此外，教学内容还应注重与其他学科之间的融合。

第二，教学内容应坚持以人为本，以学生为中心，关注学生的实际需要，注重学生的共性与个性，结合学生已有的知识，通过有效地教学促进学生的英语学习。

第三，教学内容要结合教学实际，引导学生学以致用，注重启发学生独立思考，进行自主学习，着力培养学生积极探索的精神以及解决问题的实践能力。

第四，教学内容应确保大部分学生所需的基础知识，包括使学生成为一名合格公民所必备的基础知识和基本技能，以及终身学习的能力。

第五，教学内容应涉及思想情感方面的教育，培养学生的道德品质、科学精神和人文素养，使学生形成科学的人生观和价值观，培养他们强烈的社会责任感和使命感。

2.教学内容的范畴

从英语语言学发展规律和教学设计上看，教学内容包含语言知识、语言技能、学习策略、文化意识，以及情感态度。

（1）语言知识

语音、语法、词汇、功能和话题是英语语言知识的五个组成部分。它们之间不是孤立存在的，而是相互影响、互为依存的。在掌握语音、语法的基础上掌握词汇，在具备一定词汇量的基础上学会用什么样的方式将其应用到话题中。只有具备了必要的语言基础知识，才能在实践中灵活运用。因此，英语语言知识是学生驾驭语言能力的基础，是学习语言、运用语言的基本保障，是其综合英语水平提升的关键。

（2）语言技能

听、说、读、写、译这五项基本语言技能是学生形成综合语言运用能力的基础，因此，英语教学内容应包括听、说、读、写、译五个方面的语言技能及其综合运用能力。其中，"听"是对话语进行分辨与理解的能力；"说"是运用口语进行表达的能力，也是运用口语输出信息的能力；"读"是对书面语言进行辨认与理解的能力；"写"则是运用书面语进行表达的能力，也是运用书面语输出信息的能力；"译"是综合运用语言进行输入与输出的能力。学生英语综合运用能力的提升是建立在大量的听、说、读、写、译的专项和综合性语言实践活动基础之上的，从而服务于真实的语言交际。需要指出的是，在不同的教学阶段对学生的语言技能要求是不同的。

（3）学习策略

通俗地说，学习策略就是学习方法，学生在实际学习过程中要根据自身理解知识的方式和知识的结构特点，不断摸索出一种适合自己的学习方法，从而提高学习效率。英语学习策略包括认知策略、调控策略、交际策略和资源策略等。好的学习方法有助于学生培养学习英语的兴趣，增强成就感，树立自信心，有助于学生培养终身学习的能力。教师也要结合学生的学习特点有针对性地给予指导和建议，帮助他们形成适合自己的学习方法。当然，根据不同的课程或同一课程的不同阶段，学习方法应有所变化，学生要灵活掌握，不可教条。教师可以鼓励优秀学生讲述自己的学习经验供其他学生参考，从而形成良好的学习氛围，共同进步。

（4）文化意识

语言的文化意识实际上是一种文化环境。每一种语言都离不开它赖以生存的土壤，如民族传统、风俗习惯、风土人情、行为规范以及日常生活方式等。学习英语语言就要了解以英语为母语的国家的语言环境。如果只是一味地强调词汇量、语法知识，而不了解它的历史文化背景，那么英语学习将是肤浅的、枯燥无味的。所以，教师在英语教学过程中，在讲述课本内容的同时要注重相关背景的讲解。每一门语言都有其独特的文化内涵，教师要引导学生学习其他民族优秀的历史文化，同时也要更好地继承和发扬中华民族的优秀传统文化。

（5）情感态度

情感态度主要包括两个方面：一是会影响学生学习过程和学习效果的因素，如兴趣、动机、自信、意志和合作精神等；二是学生在学习过程中逐渐形成的爱国意识和国际视野。在学习过程中，学生通常会受到各种情感因素，如价值观、意志、动机，以及教师的人格、态度、情感投入、教学风格等的影响。因此，在英语教学过程中，教师有必要对学生的情感予以关注，帮助学生形成积极向上的人生态度。具体而言，教师应注意激发并强化学生的学习兴趣，同时引导学生逐渐将兴趣转化为稳定的学习动机，提高自信，锻炼克服困难的意志，正确看待学习过程中的进步与不足，培养团队合作意识与创新精神，并养成良好的个性品格。

（五）教材

对学生而言，教材是学生学习知识的载体，也是对学生进行考核的依据，它无疑是重要的。教师在教学过程中要围绕教材展开教学活动，但是又不能局限于教材。这就要求教师在教学实践中要考虑学生的接受能力，同时要灵活掌握教学进度并适当调整教学计划，以提高教学质量。

（六）教学环境

教学环境也是英语教学的重要构成要素之一，是英语教学赖以进行的实际条件。

1.教学环境的要素

英语教学环境包括社会环境、学校环境和个人环境。

（1）社会环境

社会环境是社会对语言的接受能力，英语作为一种国际通用语言有着广泛的影响力，此外还与国家的教育规划、外语政策、经济状况和科技水平等有关。社会环境对英语教学起着方向性作用，是影响英语教学的首要因素。

（2）学校环境

学校环境是具体的，学生能切身感受到的，它直接影响着英语教学成果。英语学习氛围浓厚的校园环境可以促进英语教学成绩的提高。学校环境的内涵比较宽泛，包括课堂教学布置、教学设施、教师素质、课外学习英语时间等。

（3）个人环境

个人环境包括父母的社会地位和经济条件、支持学习英语的力度，以及与同学、朋友间的私人关系和拥有的学习工具。

2.教学环境对学生学习的影响

英语是一门社会性、综合性、实践性较强的学科，英语教学环境对学生的学习活动具有重要影响，其影响主要包括以下六方面：

第一，良好的教学环境有利于将先进的英语教育理论成果运用到英语教学实践中去。

第二，良好的教学环境有利于激发学生学习的兴趣，使学生将学到的知识主动地运用到日常生活中，并从中体验学习英语的乐趣与意义。

第三，良好的教学环境有利于营造轻松、愉快、和谐的学习气氛，有利于发展学生良好的心理状态，使学生积极思考，主动探索，敢于表达自己的观点。

第四，良好的教学环境有利于学生保持积极向上的学习态度，掌握正确的学习方法，避免学习过程中不良因素的影响。

第五，良好的教学环境有利于拓宽学生视野，丰富学习资源，强化学习效果。

第六，良好的教学环境有利于学生形成良好的英语学习习惯以及较强的英语学习意识。

第二节 大学英语教学的发展研究与现状解析

一、英语教育在中国的传播与开展

（一）英语教育在中国的萌芽与传播

中国已成为目前世界上学习英语人数最多的国家，探讨国内英语教育的起源是一个很有意义的话题。国内外很多学者把 1862 年京师同文馆的成立看作中国英语教育的开端。实际上，英语很早就在中国民间开始进行传播了。根据这一线索，本节分别从早期英语在中国社会的两大不同功能——贸易和传教入手,回顾英语在中国发展的历史渊源。

首先分析早期中外贸易的语言——洋泾浜语,它是中西双方均不愿学习对方语言而产生的语言变体。从16世纪中期,澳门土生葡语发展为18世纪盛行的广东英语,至19世纪中下叶,流行为上海洋泾浜英语,前后历时三个多世纪。尽管由于社会政治、经济、文化等因素的变化,时至今日,洋泾浜语几乎已经消亡,但是,在特定的社会历史条件下,它在中外贸易往来和中西文化交流中起了重要的作用,尤其是上海洋泾浜语盛行时期,还出现了上海洋泾浜语培训班,可以说它是中国民间英语培训的雏形。

另一种对中国英语教育产生重要影响的为早期教会学校。19世纪初期,西方国家为了推行基督教文化,陆续来华传播福音。1807年,英国传教士马礼逊受伦敦教会的派遣来华传教。但是由于当时中国的对外闭关政策以及民众对基督教教义的不了解,传教活动难以顺利进行。外国传教士希望通过创办教会学校打开传播福音的道路,1818年,英国传教士马礼逊在马六甲创办了英华书院,1843年迁校到中国香港,此后,小规模的教会学校逐渐在中国的港口城市建立起来。与洋泾浜语不同,教会学校教授的是标准英语,但是其涉及的内容比较狭隘,主要包括日常用语以及基督教的教义等,可以说早期教会学校的英语教育是传播福音的途径之一。但是,它确实将英语教育的概念引入中国,并奏响了中国学校英语教育的先声,在客观上促进了英语在中国的传播。

(二)清政府支持下的英语教育起源与发展

1859年,郭嵩焘奏请建立外语学校,这是近代中国第一次提出设立外语学校的主张;1861年,冯桂芬提议在上海和广东等地区设立翻译公所,翻译西方"有理"书籍,教授外国语言文字,培养对外交涉翻译人才。

面对第二次鸦片战争后新的国际形势以及势不可当的西风东渐,为了维持"和局",挽救危亡,同时迫于《中英天津条约》中"嗣后英国文书俱用英字书写……遇有文词辩论之处,总以英文作为正义"等强行规定,1862年开设的英文馆——京师同文馆,便成为近代中国创办的第一所官办外语学堂。

鉴于"洋人总汇之地，以上海、广东两口为最"，中外交涉事件"势不能以八旗学生兼顾"的实际，"惟多途以取之，随地以取之"的认识，清政府又分别于 1863 年和 1864 年创办了上海同文馆和广州同文馆，教授英语等外语。

1866 年，斌椿使团出访游历欧洲，京师同文馆学生凤仪、德明担任翻译，第一次直接参加了清政府的涉外事务，使这些接受英语培训的人"开始了中国有影响的外交活动"。官办英语教学的开办标志着我国教育近代化的启动。官办英语教学实施不久，洋务运动便由"求和"步入"求强"阶段。为适应新形势，京师同文馆于 1866 年增设天文算学馆，不断增设科学课程，扩大招生范围，用英（外）语教授科学，从一所英（外）语学堂发展为一所技术学堂；上海同文馆一开始就教授数学等科学，1869 年并入江南制造局翻译馆，强调实用科学，注重翻译实践，成为洋务时期翻译传播西学的重要津梁。

（三）欧美思潮影响下的英语传播

欧美思潮的政治、经济以及文化迅速地输入中国，并对中国社会各方面产生了深远的影响。中国学习西方思潮的源头可追溯到晚清，它是对鸦片战争后凭借其坚船利炮来到中国的西方文化以及由此引起的中国文化危机的回应，也是近代中国的志士仁人探索中国出路的一种选择。

由于受历史演化的影响，在不同的历史阶段学习西方思潮的侧重点不同：洋务运动时期主要侧重对西方器物的学习；新政时期则侧重对西方政治制度的学习；而进入民国后，人们开始认识到仅从器物与政治制度上学习西方是不够的，应该从深层的文化结构上学习西方，于是开始全面地向西方（尤其是欧美国家）学习。

在以提倡西方的民主和科学、批评儒家学说、提倡白话文和文学革命为主题的五四新文化运动后，中国以更开放的心态关注世界，西方的思想源源不断地流入中国，美国式民主的教育制度于 1922 年在中国颁布和实施。该学制确立了以外语和西方科学文化知识为主的中国现代教育的基本模式，加速了中国社会现代化的进程。在欧美思潮的影响下，英语作为一种沟通中西文化的媒介，备受整个中国社会的重视。英语教育的新方法、英语教育理论的研究以及英文文学教育逐步得到了重视。

（四）中华人民共和国成立以后英语的传播

中华人民共和国成立后，整个社会发生了巨大的变化，英语教育的目标也随之发生了变化。

总体而言，在1949年至1976年期间，中国的英语教育经历了缩减、复苏、停滞等复杂而曲折变化的过程。教学设计一度出现不正常的钟摆现象，由直接法回归语法翻译法，同时教材内容也明显带有浓厚的意识形态色彩。这一时期的英语教育变化反映了当时社会主义革命和建设的曲折过程。在这一阶段，尽管英语教育历经波折，但是也正是在这种曲折波动中，中国社会主义教育制度和体系开始从无到有，从简单到齐全。英语教育体系作为整个教育制度和系统的一部分，也在这个时期打下了基础，并对以后产生了相当重要的影响。此外，在20世纪60年代短暂的英语教育复苏期所引入的听说教学法以及编写的英语教材仍不失为一个亮点，至今仍具有重要的研究价值。

（五）改革开放下掀起的英语传播热潮

随着改革开放，西方的物质、技术、文化源源不断地涌入中国。中国人改变了对西方的态度，在年轻人中，从服装到发型，从言谈到行为，从偶像崇拜到生活方式都有意无意地模仿西方。人们对西方世界开始关注，英语的地位随之发生了重大的变化。

自1978年起，在全国高校统一考试中，外语都是必考科目之一。外语考试的语种包括英语、俄语、日语、法语、德语、西班牙语等，这些语种在考试时不是全部涉及，而是考生可以选一科自己比较擅长的。1978年，英语成为升学考试的必考科目，但不计入入学考试总成绩，只是作为录取参考；1979年英语成绩以10%的比例计入大学入学考试总成绩，1980年上升为20%，并且一直保持上升趋势，直到1983年之后才将全部的外语成绩都计入考试的总成绩。这个措施促进了学校对英语教育的重视。

  1979年前后，随着对外交流的发展，国家安排一些人员出国深造，共两千多人；到了1983年，教育部安排的出国人数又有所增加，达到三千多人；1987年起，其他的一些研究机构也开始挑选一些人才出国深造，比中华人民共和国教育部安排的人数还要多，达到五千多人，他们主要攻读科技方面的专业，大多为硕士和博士。在这期间，各个教学和科研机构也会邀请国外专家来中国进行专业性的指导，并提出建设性的意见，有的国外专家还在中国任教。改革开放使整个社会的观念发生了重大的改变，西方的文化和思想通过各种途径进入中国：国外归来的教授与学生，外国教师与旅游者，外国文学、电影、音乐以及时尚，等等。

  为了满足社会上的英语需求，国家规定英语课程是中学阶段的主要课程，扩大英语专业招生，大学公共英语教育开始起步。与此同时，社会上的英语培训班、英语广播、英语电视深受欢迎。到了20世纪80年代中期，"英语热"成为一种社会风气。由于交流的扩大，英语口语教育开始受到重视，交际法得到推崇。总体而言，英语教育在改革开放的进程中发展迅速。

  随着全球化的发展，各个国家和地区的交流越来越多，使世界成为一个整体。作为全球通用的语言，英语被越来越多的国家重视。中国自从加入WTO（World Trade Organization，世界贸易组织）之后，与世界的接触更加频繁，英语的需求量也逐渐增加。然而随着时代的发展，原来的学校教育逐渐暴露出一些不足，因此，英语教育也一直在进行程度不一的改革和创新，以使英语在社会上更加实用，适应时代发展。在学校英语教育求变求新的过程中，社会上各种各样、管理模式不一的英语培训班也日渐增多。在全球化背景下，中国的英语教育进入了一个革新和多元化的时代。

二、目前英语教学的现状分析

  2002年，中华人民共和国教育部启动新一轮大学英语教学，自此我国大学英语教学持续发生剧烈的变化——新的教学技术不断得到应用，新的教学理念不断贯彻，新的教学设计不断被采纳，新的评测方式不断被完善，等等。可以说，大学英语教学改革正在全国如火如荼地展开，这既是广大英语教师呕心沥血奋斗来的结果，也是高等教育主管部门大力支持的结果。但是，新的理念和教学设计的完善需要一个过程。本部分将主要从政策的制定、实施的效率和研究思路等方面探讨我国大学英语教学改革的现状。

（一）政策制定适时与不足并存

2002年开始的最新一轮的大学英语教学改革，颁布了一系列改革政策。这些政策的制定与实施，既是顺应社会需求的体现，也是本身逐步完善的过程。然而，由于本次大学英语教学改革比以往任何一次的教学改革幅度更大、涉及面更广、任务更艰巨，因此也存在一些不足之处，尚待进一步论证。

新一轮的改革顺应时代需求，也即适时之处，主要体现在教学大纲的制定、示范项目的实施、多媒体教学的推广等方面。具体而言，2002年以来的教学改革更加注重"培养学生综合应用能力，特别是听、说能力，使他们在今后工作和社会交往中能用英语有效地进行口头和书面的信息交流"。将培养学生的听、说能力列于首位，是因为在世界一体化进程加快、国际交往日益频繁的今天，无论是学校还是社会用人单位，都迫切希望提高大学毕业生的英语听、说能力。由此可以看出，这种政策性的转变适应了时代发展的需求。

大学英语教学不再设全国统一的教学要求，这是新颁布的教学大纲（即《大学英语课程教学要求》）的另一适时之处。考虑到地区之间、学校之间、专业之间、学生之间的种种差异，制定统一的教学要求是不科学的。让各个学校根据自己的实际情况，选择完成教学要求中的"较低要求""一般要求"和"较高要求"，这样便赋予学校和广大教师根据学生的实际情况酌情完成教学目标的权利，体现了政策制定人性化、个体化的一面。这种分层次的教学要求，也是教学大纲顺应时代发展的体现。

政策制定另一个适时的表现是对学生自主学习能力培养的重视。卞树荣指出，原有教学大纲往往片面强调学生对语言知识的学习，从而忽视了对其学习方法、学习策略等高级技能的培养，其结果是学生不能有效地自主学习。新颁布的《大学英语课程教学要求》明确提出，大学英语教学是以英语语言知识与应用技能、学习策略和跨文化交际为主要内容的，这样教学的中心就由传统的语言知识转化成培养学生的人文素养和自主学习能力。这样的政策内容符合终身教育的理念，顺应了时代与社会发展的大趋势。

为了最大限度地推行教学改革，中华人民共和国教育部还在全国设立了180所改革试点院校，着力推行新的大学英语教育政策、方针、理念等。经过几年的试点和严格评估，2006年，中华人民共和国教育部从这180所院校中精心挑选出了31所改革理念先进、改革幅度大的高校作为改革示范单位，通过其示范作用，向全国其他高校传递改革的方向。大学英语教学改革试点及示范院校的设立，符合专业发展的规律，起到了深化教学改革的作用，使部分师资水平较低、改革能力有限的高校明确了努力方向，也有了学习的榜样。这是教学改革发展的产物，是顺应改革要求的体现。

然而，目前部分高校中英语教师存在着学历水平低、科研能力弱、工作量大等问题；同时，部分大学英语教师存在学科结构不尽合理，教育学、心理学、计算机及网络等知识匮乏等问题。另外，由于教师本身水平、能力的限制，中华人民共和国教育部规定的各项政策很难得到彻底的贯彻，这也是现行教学大纲（《大学英语课程教学要求》）的一大不足之处。

（二）施教效率存在误区

首先，现行大学英语教学有忽视培养学生读、写能力的倾向。新一轮教学改革为广大英语教师提供了多媒体、网络等教学工具，教学大纲也着重发展学生的听、说能力，因此，部分教师在大学英语教学过程中有弱化学生读、写能力培养的倾向。正如王守仁所指出的："大学英语的教学对象是非英语专业学生，无论是在校学习还是毕业后在工作岗位上，大部分人接触英语的主要方式是阅读。为了适应信息社会的发展需要，同时为交际打下扎实的基础，应增加英语语言知识的输入,逐步加大学生的阅读量,拓展阅读的广度和深度。"因此,强调培养学生的听、说能力,并不意味着弱化读、写能力的培养。

其次,新一轮大学英语教学改革的另一误区与语法能力的培养有关。由于受交际教学法的影响,部分大学英语教师认为,语言教学的目的在于交际,学生只要能够达意,语言教学的任务也就完成了,对语言的准确性没有较高的要求;而事实证明,语言的准确性和流利性非常重要,在培养学生交际能力的同时,应该采取交际—语法教学法。

最后,现行大学英语教学改革也存在过度依赖多媒体、网络等先进技术的趋势。毋庸置疑,多媒体、网络等现代教育技术为大学英语教学提供了样式新颖、材料多样、内容丰富的教学手段,并在英语教学中取得了显著效果,然而教师仍需要发挥课堂教学在英语学习中的作用。

(三)研究思路存在局限性

我国大学英语教学改革的思路基本还是局限于英语语言文化的框架内,对各年级段大学英语教学的起点、问题、转换机制等缺乏实践性的认识,对各年级段学生英语学习的特点、问题及其实现机制缺乏过程性认识,对各类型的大学英语教学目标、任务、过程逻辑与方法等也缺乏本土化的认识。

就整体与部分的关系而言,需要从教学贴近生命成长的角度进行思考与实践,既要从生命成长过程整体审视某一年龄段学生的成长使命,也要从生命成长中整体审视某一学科教学对其特殊的价值与意义,更要从生命与教育实践真实的动态关系整体把握教学的起点与学生的最近发展区。

第三节 大学英语教学的改革创新

一、大学英语混合式教学改革

21世纪学习范式的一大特点就是学生可随时随地进行自主学习。人类的经验，包括人类构建知识的方法，是由所使用的工具塑造的。在信息化时代，学习管理系统无疑是首选的教学工具。在高等教育中混合式学习进入课堂的需求越来越大，呈不断增长的趋势。混合式学习方法可以将在线工具和传统的教学方法整合起来。混合式学习课程的开发需要设计合理的传输模式，即选择适当的学习管理系统，合理安排在线时间和面对面时间，并克服混合式学习方法带来的相关挑战。学生可以参与到非常活跃的学习氛围中，构建他们自己的知识体系，按照自己的步调和速度来掌控学习进度，且学习不受教室的空间限制。依托学习管理系统来开展混合式教学，可以实现课堂内活动和课堂外活动之间的平衡。

"互联网+"时代给当前的大学英语教学方式、教学手段、教学理念等带来了挑战和机遇。以现代信息技术为支撑的混合式教学模式是大学英语教学改革与发展的重要趋势。数字信息化时代的大学英语教学丰富了学生自主学习的资源，拓宽了自主学习的路径，增强了学习主体间的互动。教师需要不断探索基于现代信息技术的有效教学方法、教学手段、教学内容等。作为新兴的教学模式，混合式教学要求"课前学生通过观看教学视频完成知识的传授，课堂上学生通过各种教学形式完成知识的内化"，从而实现优质教学资源的整合。这是众多教育者推崇的大学英语教育改革路径。

（一）信息技术在外语教学中的应用

近几年来，国外对 ESL（English as a Second Language，英语作为第二语

言)、EFL（English as a Foreign Language，英语作为外语）以及基于网络的教学研究日渐增多。早在21世纪初，很多研究成果都有非常积极的反应，明确并认可互联网在外语教学中的积极影响和作用。1999年，Chen就尝试通过新Web（网络）技术，如Real Media，Java Script，创建虚拟语言实验室来提高大学生的听力能力。后来，很多国家的教师都开始充分利用CNN（Cable News Network，美国有线电视新闻网）、ABC（American Broadcasting Corporation，美国广播公司）等在线网站训练学生的英语能力，因为这些网站提供了非常丰富的教学内容，有新闻、娱乐、经济、政治、教育、体育、科技等各个方面。学生可以自主选择自己喜欢的模块进行学习，反馈良好。网络资源能够帮助学生更好地掌握语言知识，学生通过互联网就有机会和那些母语是英语的外国人或其他国家说英语的人交流了。可以说，基于互联网的学习已经成为英语学习者的一大优势，学习者不仅可以利用丰富、真实的语言学习资源，也可以通过互联网这一技术平台培养英语交际能力。此外，当前的大学英语教学大量地融入现代教学技术，随之产生的慕课、微课、翻转课堂、移动学习等教学形式均已成为近几年教学改革的热点。新的教学模式不仅改变了学习者获取知识和信息的方式和手段，也改变了他们的学习观念和学习方式。这就要求教师重新思考各教学要素在多元化教学网络环境中的地位和角色。

信息技术在英语教学中的应用主要体现为网络语言学科平台。首先，作为信息技术在英语教学中的应用载体，网络语言学科平台不仅为英语教师提供服务，还具备学生自主学习、考试系统、论坛等多种功能。其次，网络系统可以将信息社会中庞大的网络资源链接起来，建立起以英语为基础，涵盖文化、体育、历史、地理、科技、环保等多方面的知识点，全方位、多角度激发学生的阅读兴趣。最后，网络平台部署在校园网上后，学生可以利用电脑，不受时间、空间的限制，随意地进行网上学习和交流，而教师可以开展异步的教学工作，学生和教师不必同时进行操作，这进一步提高了师生的效率。英语教学以网络为平台的现象越来越频繁，利用英语进行网上交际和信息搜寻已成为一种必备素质。随着慕课时代、大数据时代的到来，信息技术将为教学资源、教学模式、教学效果甚至教学研究等方面带来一场深刻的革命。

（二）信息技术与英语教学整合后的问题

信息技术和英语教学的整合在初期虽然取得了较大成效，但新科技的不断发展也带来了一些问题，对学生在线学习英语课程构成了一定的挑战。基于信息技术的在线英语学习主要存在以下问题：

第一，在线学习环境下，学生需要具备一定的技术技能以保持学习信心。有研究表明，多数学生用英文交流时，打字速度很慢，糟糕的打字技能影响了学生的在线交流体验。

第二，学生必须掌握必要的学习和研究技能来有效搜集学习材料。他们需要学会使用搜索工具，并通过扩大、缩小或改变关键词等提高搜索效率。

第三，学生需要掌握英语阅读技巧来评价网络信息。如果没有这些处理语言材料的技能，学生就很难提交有创意的英语课堂作业，因为他们无法全面地评估材料。

第四，学生需要有足够的技术支持。网速及其他技术上的缺陷等问题会引发学生的焦虑情绪，从而影响其学习动力。

随着计算机硬件和网络的普及，学界普遍认为依靠单个学习软件已无法满足网络化英语教学的需要。为了满足学生个性化的学习需求，急需开发基于移动网络和信息技术的大学英语学习平台，因此，能整合多个学习软件的网络学习平台得到了迅速发展。学习平台能够实现信息发布、在线考试、在线答疑、视频教学、在线评价、自主学习等多种功能。近几年，国内不断涌现出各种不同的英语网络学习平台，大学英语教学也密切围绕着学习平台进行了多方面的教学改革探索。通过观察可以发现，教师在信息技术的使用上仍未改变传统的计算机辅助教学的模式和方法。结合教学实际工作的课堂观察情况，当前信息化课堂教学可能存在以下问题：

第一，自我意识不到位。教师没有真正认识到教育信息化的重要性，或者过分强调信息技术在课堂教学中的作用。总而言之，教学观念并未发生根本性的转变，技术与英语学习只是简单地叠加而非有效融合。

第二，教学资源更新严重滞后。以信息技术为支撑的网络教学资源海量，但没有结合学生的真正需求和教师的个体意愿进行开发，导致资源无针对性，系统性和推广性也不强。同时，教师在网络教学资源建设上存在重复现象，没有真正实现共享。

第三，教学设计不够合理。信息化的课堂教学没有体现教学手段的多样化、教学内容的系统化和教学设计的针对性。

第四，注重形式，效果缺失。在课堂教学中，教师只是象征性地使用了信息技术，教学模式仍以"知识灌输"为主，学生在自主学习的过程中并未得到教师的有效指导，严重缺乏自主思考和总结的能力。

第五，师生角色依旧。教师只是依托信息技术进行了知识的传授，导致学生无法完全实现真正的在线学习。教师在教材开发、资源提供、课程评价等角色的转变上仍有待加强。学生对新教学模式中的角色转变也缺乏认识，信息化素养不高。

第六，学生能力并未大幅度提高。相对于传统的教学模式，学生在自主学习能力、团队合作和沟通能力等方面均有一定程度的提高，然而学生在辩证思维能力、创新能力等关键能力方面没有实现较大的突破。

第七，在线学习平台的利用率低下。教师一般是，机械地通过课程管理平台或 E-learning 学习平台向学生发布课程，然后让学生提交作业。在设计课程内容时，教师并未真正考虑学生的不同学习风格和学习需求。当前，这些平台或系统只是担任普通工具的角色，教师并未挖掘其强大的教学功能。

二、大学英语混合式教学模式的优化

（一）优化教学内容

如何设计有趣、吸引学生注意力的课程？偏离常规的教学内容往往会给学生留下较为深刻的印象。不少教师通过调查发现，超过 80% 的学生都不满意当前已有的教材内容，很多老师也表示有类似的体会。如果让学生学习教材文本以外的知识，学生的兴趣和对知识的掌握度都会大大提高。有趣且吸引学生的课程首先应基于学生所处的环境与生活，或者说学生所学课程的知识应具有一定的实用性。在大学英语教学中呈现的知识也必须具有实用价值，因此，教师有必要为学生创设一些灵活的教学内容，使学生真正做到"愿意学、有所学"。从一定意义上讲，对当前教学内容的优化可通过在线学习平台，在培养学生人文素养的同时，增加学术和专业英语内容，探索以培养"专业型英语人才"为目标的教学创新改革方案。

以专门用途英语教学为例， 一方面，教师根据自己所任教的班级专业，从国内外权威英文报刊选取合适的专业阅读文本作为课堂教学的延伸和拓展。例如，美国的《科学杂志》《经济学家》等报刊涵盖了最前沿的科技文章，综述和分析基于报刊阅读的学科动态有助于学生了解本学科领域内的专业前沿，拓宽学生的专业视野，同时提高学生的学习兴趣。莫妮卡·贝纳雷克从三个维度剖析了新闻报刊的价值：一是从报道事件本身来考察新闻之"新"，如新闻中所涉及的人物以及他们给人们生活带来的影响；二是参照新闻工作者对事件所持有的观点，新闻价值被视为某种认知，这种认知可以是新闻工作者的某种态度抑或是他们所参照的某种准则或规范；三是剖析新闻形成过程中所涉及的各种材料，包括输入材料（新闻稿、其他相关网站、文本、图片、视频等）和输出材料（实际的新闻报道等）。将这三个维度运用到 ESP 文本的价值衡量中，可做以下尝试：参照第一个维度，专业性的学术报道可让学生了解本专业的学术领军人物；参照第二个维度，可设计如评析或质疑报道中某项内容或某个观点之类的任务，要求学生从各个层面对已有内容或作者的观点进行佐证；参照第三个维度，可让学生进一步搜索报道的相关材料，拓宽信息源，进一步挖掘、提炼主题内容。当然，除了时效性很强的报刊材料，课后，学生还可以从海量的在线资源中，随时进行 ESP 的英语学习。例如，对于医学专业的学生，在撰写学术小论文时，学会囊括以下方面：什么是医学、医学界的成就、医学基本原则、疾病的因与果、基本医学学科、公共卫生健康、医学界当前存在的问题、医学的未来发展趋势和前景等。

另一方面，结合上文的需求分析，教师在设计具体的 ESP 读、写、译的内容时，可先训练学生的基础词汇解读能力，再逐渐过渡到话语分析、语法形式、体裁分析等较高要求的操练。其中，词汇层面的目标是让学生通过大量的文献阅读，收集广泛出现于各个学科的学术性书面文字中以及在篇章的结构或修辞等方面起重要作用的学术词汇。在对教学素材的深度分析方面，教师可考虑向学生展示专业阅读中的几种主要语言功能：下定义、解释、举例说明、描述、对照等。翻译层面的目标是让学生翻译国外的与学生专业有关的科普文章或学术报道（以短篇为主），同时要会翻译学术文章的摘要。写作层面的目标是让学生撰写本专业领域内的学术文章，并能质疑已读文章中的作者观点。

当前，大学英语教师仍不可能也无法做到完全脱离教材进行教学。基于教材的通用英语教学，作为当前混合式教学模式下线上教学的主要内容，有必要进行某种程度的改进。比如，教师在制作视频时，不妨以单元文章的语篇分析为切入点，分析教材文本中的语言偏离现象，增强学生对语言的敏感度和兴趣度。同时引入时事热点解析、报刊解读、名人名言赏析等。关于在线作业，教师可忽略阅读等应试性强的板块，增加字谜题、闯关题等趣味性的作业形式。教师也可以考虑从学生角度出发，让学生制作基于教材的学习视频，再上传至网络教学平台，通过与同学、教师的互动，创建各种形式的教学内容。

（二）优化教学平台

混合式教学资源与平台建设可有效促进线上与线下学习的融合。然而，目前很多院校没有专门的混合式学习平台，很多只是在数字化资源的基础上改造而成的，这使得线上课程与线下课程资源的整合缺乏全方位的技术支撑，导致教学效果不佳。当然，也有很多学校会使用适用性较强的专门网络课程平台，如 Moodle、泛雅等，这种专门的混合学习课程平台能最大限度地实现现有资源的有效使用。随着科技的更新与发展，学习平台的搭建与应用方式也逐渐呈现出多样化趋势。

一个多元化的混合式学习平台,应根据学生的学习进度和特点,实现灵活的同步和异步学习。教师和学生也可自主开发异步学习的方式,如自建在线平台、微信、微博等互动性较强的在线辅助教学手段。笔者自建的"魔力英语网"(获第十五届全国多媒体课件大赛高教组一等奖)平台是在线课程混合式教学策略和研究的一次实践探索,也是培养学生自主学习能力和批判性思维能力的一次技术尝试。因笔者创建的团队仍在对各个模块进行优化建设,故该平台尚未投入使用。一旦投入使用,该平台可为未来的混合式教学提供良好的技术支撑。

通过自建网平台,可实现"按需选择"的自主学习方式,克服学习管理系统的一些不足和不便之处。针对大学英语教学中专业英语与文化传授的缺失而设计出的自主学习系列课件,将专业英语素养与文化素养培养相结合,让不同专业的学生各取所需,选择自己喜欢的专业文章进行自主学习,消除已有教学网络平台未从学生实际需求出发的弊端。

目前,学生在使用网络教学平台进行学习时,仍存在不少问题,也就是说,平台并未给学生留下深刻印象,而创建符合学生需求和特点的平台,可加强学生对平台的信任度和使用度。总之,对教学平台的优化需要使用混合式教学法的教师结合所教课程的具体特点以及学生的学习风格、学习需求等,努力开发简单、易操作并能真正提高学生学习兴趣的多元化在线学习模式。同时,对于平台的使用问题,校方、技术方和教师等应共同努力解决。

(三)优化教学主体

当前教学主体在角色、定位等环节存在不少问题。在整个外语学习系统中,学生和教师是关键群体,代表校方的教学管理人员和技术支持人员应积极给予支持和服务,使学生和教师发挥最大的潜能,产生最大的效益。可以说,有效的混合式教学环境应包括教师、学生、学校和技术员在内的教学主体。只有最大限度地发挥四大教学主体的作用,建立"四位(四大教学主体)一体(混合式教学体系)"的教学管理，才能提高学生的学习效率，各个教学主体之间才能互相合作、动态共存。

第一，学生的能力应该与计算机功能相匹配，计算机网络和信息技术应成为学生学习过程中不可或缺的有机组成部分。大多数学生用移动工具聊天、查询基本信息等，很少有学生用其进行实质性的学习。如何加强学生的信息化素养是优化学生这一教学主体的重大突破口。根据调查，学生对于学习目标的看法趋于一致。例如，大部分学生都认为思辨能力、解决问题的能力、决策力、社会交际能力、独立学习能力、建立正确的价值观等是最重要的学习目标，知识和信息的获取为次要目标。因此，问题式检查、技能操练、团队调查、导向性练习和独立练习、合作式学习等间接教学活动对学生的学习有重要影响。此外，如果能有效设计混合式课程，学生的很多技能都可运用到终身学习中。在混合式教学中，时间的管理、辩证的思维、正确的表达、有效的交际等一系列实用技能都有所体现，并在学生的职业发展中发挥着重要作用。

第二，在混合式教学环境下，教师应注重发挥学生的主动性、积极性，培养学生的自主学习能力。教师需要经常布置任务，组织学生自学，并且检查效果。然而，当前大学英语教师在这方面所下的功夫明显不足，这就需要校方进一步加强师资培训等工作，注重教师的职业发展和教、察、思工作。很多学校都成立了教师小组，每组中的教师通过观摩该组其他几位老师的教学后，在讨论、交流的基础上，确定最佳的教学方式。在明确教学目标上，大部分教师认为他们能意识到培养学生批评思维能力、交际能力、解决问题能力和决策能力的重要性，但他们在教学中一般只注重事实和信息的传递，忽略了学生创新性能力的激发，更不用说心理活动技能和认知技能的培养。大部分教学目标都只在备课阶段实现，教师在实施教学时很少能灵活地进行教学变通。

第三，混合式教育改革实施以来，一些学校通过不同渠道，采用学术沙龙、教学促进会、信息化课堂观摩等多种途径提升教师的业务素质和专业教学能力。这些培训与交流活动有力地促使大学英语教师更新已有的教学理念，学习新的教学模式，运用新的教学方法，掌握信息化教学手段，提高教学能力和水平。教学管理虽然繁杂，牵涉面广，但作为管理人员必须持有一个整体观念，既要充分发挥不同层次管理机构和职能部门的作用，又要充分调动教师、学生、管理者三方面的主动性。当前，管理人员可进一步利用混合式教学带来的有利之处，积极推广混合式教学课程，减少高校的运营成本。目前，很多针对教师的培训仍采用传统的方式进行，可通过交叉培训的方式来减少培训成本。

第四，技术员的首要任务是确保混合式学习系统的稳定。如果系统不稳定，出现学生无法登录、测试系统无法打开、学习记录有误差、语音识别不灵敏等问题，都会影响学生自主学习的积极性，并给在线教学管理带来困扰。其次，教学设备信息应数字化。通过建立网络，为教师提供一种非实时解决设备维修问题的措施。例如，对于安装软件这样的非实时故障，可采用网络沟通方式（如微信、QQ 等）实现维护流程的简便化和教师选择的多样化。再者，对于学生这一方，技术支持方应设立专门的人员适时、实时地为学生解决学习中出现的问题，特别是混合式教学开展的第一个学期。最后，技术员还可建立教学服务网，把所有故障处理的情况全部输入数据库，方便教师随时查看故障情况。技术员还可对所有的故障情况进行统计分析，了解故障多发的原因，为教学管理工作提供更好的技术支持。

（四）优化教学策略

大学英语是各高校本科学生的必修课，且英语教学质量的好坏直接影响国际化人才的培养成效。为了适应社会发展和高等教育国际化的需要，教师需要适时地调整教学目标，优化教学内容与方法，针对不同学生的学习心理和特点制定相应的教学策略。具体可从以下三方面进行尝试：

1.基于国家政策和需求的教学探究策略

作为信息化时代背景下的高校教师，对国家政策和需求的把握直接影响着学生各方面的发展。作为英语教师，更需要在国际化大背景下，捕捉各种有效的政策信息，以适时调整自己的教学目标和方向。例如，当前大学公共英语教学很少涉及学科专业内容，教学文本单一，主要以通用英语型的教材为主，内容重趣味性和情节性，难以真正实现为专业服务的目的。而国家正大力倡导以学生专业、学术能力培养为目标的英语教学模式，学生对当前混合式教学内容的负面情绪也正说明了植入能激发学习兴趣的教学内容的重要性。教师需恰当选择适合的教学文本进行信息化教学设计。例如，教师在线下教学中可适当选取新闻媒体文本，如政治人物的答记者问、外交辞令、美国总统的就职演说等。对教学策略的优化首先需要教师了解国家政策，结合教学实际和学生需求，勇于探索最有利于学生学习的教学模式。当然，这对教师素质也提出了较高要求，教师需要具备将最新的教学发展动态迁移至已有课堂教学中的能力。总之，主动关注、善于挖掘、勇于探索是教师优化混合式教学策略的前提。

2.基于"做中学"模式的教学手段创新策略

当前学生普遍对新兴的混合式学习模式感兴趣，但是学习效果欠佳，特别是基础薄弱的学生。当前的线上教学形式以教师制作教学视频、学生学习视频为主。无论是教学内容还是学习形式，都不能满足学生的学习需求。因此，鼓励学生大胆结合专业特点，利用自身特点和特长，结合自己的学习兴趣和专业兴趣，制作适合自己学习的英语视频，是突破当前教学瓶颈的重要路径。通过这样的方式，特别是与专业结合的微视频，学生可以深入了解本学科的相关信息，如专业的应用、发展前景等。同时，将学生制作的视频上传全网络学科平台，供其他同学观看、评论，这样不仅可拓宽学科知识，而且还促进了学生之间的交流，提升了学生的成长。这种"做中学"的学习模式可有效改善当前混合式英语教学的被动局面。

3.创建基于多元学习平台的真实性教学策略

真实性教学关注的是课外真实生活中的知识、思维和技能的运用。由此，教师需在混合式教学过程中增强学生对语言的敏感度，特别是要加强基于教材的普通文本学习和 ESP 文本学习。通常情况下，学生在看完视频后，基本不会将其应用于他们的英语学习中。这表明，学生对语言的敏感度还比较低，或者说文本对学生的震撼力还不强。教师可通过人机互动的方式实现文本的交际功能。比如，当前混合式教学模式下，在教学视频中可设置一些与学生互动的练习，以加强学生对语言的习得。当前，学生的语言输入效果不佳，学生看完视频就没印象了。因此，教师可针对视频中的重点语言点和结构，通过操练、模仿等方式帮助学生加深印象。此外，仅仅依托平台和课堂进行学习的时间很有限，难以实现持续学习，基于学校网络平台和课堂的学习必须延伸至灵活多样的课外学习中。比如，教师可充分利用各种专业领域的专题演讲或报道来帮助学生提高词汇习得，因为专业性较强的英文资料可以激发学生词汇记忆的兴奋点。同时，基于课堂平台的学习可通过话剧舞台、配音等课外平台激发学生学习英语的动力，从而增强学生的自信心。

参 考 文 献

[1]丁煜.大学英语教学多维探究[M].武汉：华中科技大学出版社，2021.

[2]段茂超.大学英语教学创新与实践研究[M].长春：吉林出版集团股份有限公司，2021.

[3]李晓玲.大学英语教学方法研究[M].西安：陕西科学技术出版社，2020.

[4]刘丰振.多元视角下的大学英语教学与发展研究[M].北京：中国纺织出版社有限公司，2021.

[5]刘慧.突出自主学习的大学英语教学模式创新研究[M].北京：企业管理出版社，2021.

[6]孙琳.大学英语教学设计与有效教学[M].长春：吉林大学出版社，2020.

[7]张献.大学英语教学理论及实践应用[M].武汉：中国地质大学出版社，2020.

[8]周保群.大学英语教学模式与课程建设研究[M].重庆：重庆大学出版社，2020.

[9]周奋.大学英语课堂教学研究[M].长春：吉林人民出版社，2020.

[10]周莹.新时代背景下大学英语"课程思政"教学模式研究[J].湖北开放职业学院学报，2023，36（4）：126-128.

[11]朱灵.大学英语课程教学创新研究：以《新时代大学英语进阶英语综合教程》为例[J].品位·经典，2022（23）：170-172.

[12]曲巍巍.新文科视域下大学英语教学中学生跨文化能力的培养探究：评《大学英语教学与跨文化能力培养研究》[J].中国油脂，2023，48（4）：158.